与脆弱和解

〔韩〕金亨根◎著
葛增慧◎译

天津出版传媒集团
天津科学技术出版社

著作权合同登记：图字 02—2025—114 号

图书在版编目（CIP）数据

与脆弱和解 /（韩）金亨根著；葛增慧译 . -- 天津：天津科学技术出版社，2025. 9. -- ISBN 978-7-5742-3107-8

Ⅰ . B84-49

中国国家版本馆 CIP 数据核字第 2025Z8F297 号

与脆弱和解
YU CUIRUO HEJIE

责任编辑：马妍吉
出　　版：天津出版传媒集团
　　　　　天津科学技术出版社
地　　址：天津市西康路 35 号
邮政编码：300051
电　　话：（022）23332695
网　　址：www.tjkjcbs.com.cn
发　　行：新华书店经销
印　　刷：天津中印联印务有限公司

开本 880 × 1230　1/32　印张 8　字数 158 000
2025 年 9 月第 1 版第 1 次印刷
定价：52.00 元

阅读须知

书里出现的咨询者均使用化名，已对所提及的全部咨询内容进行加密处理。

前　言

人们为什么无法有效控制自我

我擅长对上瘾心理进行分析。当出版社表示有与我合作出书的意向时，我感到很开心，因为这意味着我可以立足于我的专业领域来写一本书。但是，我迟迟无法下定决心去写作，因为我认为自己的文采不佳。然而，在我犹豫不决的过程中，一个多月的时间就这样过去了。我最担心的问题是，向他人提供咨询服务与进行教学的生活是忙碌的，我能否抽出时间来完成这本书？其中，最令我忧愁的是，我还没能构思好如何将脑海里的东西成文。最终，在策划编辑部的老师们的支持下，在咨询师郑楼丽的协助下，我得以排除万难、提笔写作。我想，在写书的过程中，我也能反刍过去完成的临床咨询案例。

这本书是从“人们为什么无法有效控制自我”这个问题开始的。关于这个问题，我的答案很简单，人们无法有效控制自我的原因在于：人们的精神人格是分裂的。人们通常认为自己是单一的生命体，但实际上，每个人的精神世界里都可能存在着无数个“我”。同样的，在我的精神世界里就存在着两个“我”，其中一个“我”能够主导生活，而另一个“我”则会在不经意间制造混乱。这股制造混乱的力量，让作为主要人格的“我”因为没能心想事成而感到痛苦。

如何处理这股制造混乱的力量呢？将它全部压制，还是将它连根拔起呢？找到这股力量的来源是一件很困难的事，我们很难梳理出究竟是哪个环节出现了问题。在这个过程中，作为主要人格的“我”好像完全帮不上忙。

处理这股力量的方法只有一种：承认并且包容它，当我们的心里涌现想要爱这股力量的意愿时，与这股力量有关的线索就会显露，事情的真相也会浮出水面。当人们意识到另一个“我”的存在，就到了和其面对面“切磋”的时候了。这就是一个人找到分裂的“我”并与其融合的过程。精神科医师卡尔·古斯塔夫·荣格[①]所说的“个体化”（individuation），就是将无数个“我”整合在一起的过程。如果一个人在婴幼儿期遭受过诸多创伤，那么他在精神上就会分裂出多个“我”，分裂的程度也会更强烈，这些“我”也会变得更难以控制。

初次遇见某位酒精成瘾者时，我们仅了解到了他当下的行为，

---

① 卡尔·古斯塔夫·荣格（Carl Gustav Jung），瑞士精神科医师、心理学者，受弗洛伊德的影响建立了分析心理学的基础。

便断言这个人很难有什么成就。我们选择给他打上不好的标签，却不会去想："这个人到底经历过怎样的打击，才会喝那么多酒来麻痹自己？"也不会觉得："这个人可能是生病了。"其实，眼睛能看见的部分，只是一整面玻璃破碎后的一小块碎片而已。用这种视角去看问题，我们甚至无法接近问题，更无法找出问题的核心。而现实却是，大部分咨询者来到咨询室，就是为了找到这个核心。人们殷切地期盼着未来，希望自己可以过得幸福。但让人感到不幸福的时刻实在太多了，这些人的内心实在太痛苦了，最终因为无法承受这份痛苦而选择前往咨询室。

这些人坐在咨询室里，在咨询师面前陈述那些让自己感到屈辱的事情以及内心的羞耻感，将那段悲惨的人生经历和盘托出。

揭开自己的伤疤并重新面对它的过程，比人们想象中要困难得多。但这是每位咨询者接受治疗过程中的关键一步，是重新遇见分裂的自己的机会。每当咨询者重新面对自己的伤痛时，我总会怀着敬畏之心，从他们的言语中洞察其内心世界。创伤使人们的精神世界分裂出多个"我"，但整合这些创伤、认识这些"我"的过程就像羽化成蝶一样，是人生的必由之路。

痛苦是步入整合之路的一种信号。咨询者有时会流下眼泪、号啕大哭，有时甚至会呕吐。一个高贵的灵魂为了走向整合而痛苦地挣扎着，仿佛婴儿离开母亲的子宫来到这个世界一样。我十分感谢各位咨询者的信任，使我能够参与他们走向整合的过程，引导他们脱离黑暗的过去、迎接光明的未来。

咨询者将内心的痛苦与羞耻，以及那些可怕的经历当作“垃圾”，“倒”在身为咨询师的我面前。有时，我会觉得自己像个垃圾桶。但是，当我看清那些被“倒”出来的“垃圾”时，我的想法马上就改变了。想要理解人类的灵魂，这些就是最珍贵且最值得被研究的“对象”。我对人类的灵魂能有一些浅薄的理解，离不开咨询者自愿倾泻出的那些刺骨的痛苦。因此，我由衷地感谢每位咨询者。

正因为咨询者信任咨询师，愿意向咨询师敞开他们的心扉，这本书才有机会被写出来并帮助更多深陷泥潭的人。虽然书中出现的每位咨询者都使用了化名，但书里引用的故事都是真实的。希望这本书可以为那些因遭受伤害而自我分裂、感到不知所措的读者们带来些许帮助。

我还要感谢帮忙规范语言，使本书内容更适合阅读的编辑同仁。对于我的妻子美华，我感到十分抱歉。我们夫妻二人平常相处的时间已经很少了，在写书的日子里，我陪伴她的时间更少了。即使如此，她依旧支持我的工作、照顾我的生活，我非常感谢她的付出。我还想要将这本书作为礼物送给我的儿子英真与胜真，以弥补我无法陪在他们身边的遗憾，虽然儿子们可能不会喜欢这份礼物。最后，谢谢陪我一路走到这里的读者，相信你们的未来会充满美好。

金亨根

2015 年秋

目 录

CONTENTS

Part / 1

“倾倒”生命中的遗憾与伤痛

每一种反复出现的失控行为，都源自生命中的某些未被填补的缺憾。通过一点一点承认那些情绪、直面那些创伤、接受那些真相并开始往外“倾倒”它们，才能抚平受伤的心灵。唯有心灵的创伤被抚平了，我们才能有效控制自己。

敞开心门，进入被谎言隐藏的隐秘角落

说谎是一种普遍被人们用来保护自己的手段。在犯错时，孩子为了不受责骂而选择说谎，那成年人会在什么时候说谎呢？

成年人会在面对以下这些情况时说谎：

- 想要保护自尊心，或者想要维护自己的形象时；
- 觉得自己很糟糕或感到自己很没出息，却又想要隐藏这样的自己时；
- 想要巧妙地操纵他人时。

说谎是保护自己的手段

我们来观察一下孩子因为不想被骂而说谎时的心理变化。

锡哲为了和朋友一起玩耍，没有去补习班上课，老师打电话将这件事情告诉了他的妈妈。妈妈问回到家的锡哲："今天有好好在补习班上课吗？"害怕被骂的锡哲回应："嗯。"

但是，这是一个简短的谎言。

上述例子，是一种常见的孩子说谎的场景。成年人在日常生活中也常在类似的情况下说谎。当人本能的冲动与法律、规则、伦理等社会性标准相抵触时，就会产生冲突。如果在这种时候，人的本能占了优势，冲动会落实到行动上，然后人会启动“这没什么，应该没关系吧，又不是什么严重的大事”的防御机制，试图使自己的谎言合理化。

但是，这个世界不会轻易被蒙骗，谎言比预想中穿帮得更快。

妈妈知道锡哲的话是谎言，于是用质疑的语气再一次询问锡哲：“补习班的课到底上到几点？”锡哲不得不用另一个谎言来圆第一个谎言，他回答：“上到了下午4点。”接着妈妈又提高音量说：“事情我已经弄清楚了，你最好快点说实话。”害怕谎言被妈妈当面揭穿的锡哲生气地说：“为什么每件事情你都要管？”然后快步走进了自己的房间。

这是在用责骂施压的妈妈与因想要隐藏说谎这一事实而反抗的儿子之间爆发的冲突。这种形式的冲突在夫妻之间也会发生。

锡哲爸爸有酗酒的习惯，这带来了许多麻烦，因此他向妻子保证自己以后再也不喝酒了。但是，锡哲爸爸这次出差时赶上了下雨天，他因为感到孤单而喝了一罐啤酒。隔天回到家，妻子在清理车子时发现了一个空的啤酒罐，决定试探一下丈夫，看他是否会承认。妻子问："你最近没喝酒吧？"锡哲爸爸非常自然地说："我已经很久没喝酒了。"

锡哲与爸爸为什么会说谎呢？因为他们都明白自己犯错了。当自己犯下的错误被他人发现时，人们会感到羞愧，害怕自己因为犯错而被他人否定，也正是这种担忧让锡哲和爸爸选择说谎。拥有健全人格的人，可以控制本能冲动，所以这些人几乎不会主动制造需要说谎的情境。相反，无法控制本能冲动的人，就会制造出需要说谎的情境，并且还会为了逃避这个情境而说出另一个谎言。

谎言与内化经验

心理学者沃尔特·米歇尔[①]以幼儿为实验对象，进行了"自我控制"的实验。

实验者给参加实验的幼儿分发了棉花糖，并告诉他们："如果你们能够忍耐15分钟不吃掉棉花糖，就会得到更多的棉花糖。"有些幼儿在实验一开始时，就毫不犹豫地把棉花糖吃掉了。有些幼儿刚开始只是用眼睛盯着棉花糖，但最终还是把它吃掉了。然而，也有幼儿没有吃掉棉花糖，一直在等待实验者回来。

---

① 沃尔特·米歇尔（Walter Mischel），世界三大心理学者之一，"棉花糖实验"的创始者。

15 分钟的等待任务跟幼儿的人生有什么关系？

接下来，实验者持续追踪观察这些参与实验的幼儿的成长过程，得到的结果非常惊人。那些在实验中能够等待 15 分钟的幼儿，比没有等待的幼儿获得了更高的学业成就，也有较好的工作，能维持健康的人际关系，并且对自己的人生充满信心。这个实验验证了，在幼儿期能否自我控制、能否延后被满足的时间，是日后能否享有成功人生的关键。

明明知道只要忍耐一会儿，就可以得到更好的回报，但有些幼儿就是无法战胜当下的欲望，而另一些幼儿可以压制吃下棉花糖的冲动并等到最后。

幼儿是怎么做到节制欲望的呢？那些幼儿内化了“忍耐以后能从父母那儿得到回报与补偿”的经验，所以幼儿确信，“如果这一次也可以控制自己的欲望，那很快就可以得到更好的回报”。这种从父母那儿积累的“忍耐并等待之后会得到报偿”的经验，让幼儿可以抵抗甜蜜的诱惑并坚持到最后。

父母虽然告诉过孩子即便是补习班的课，也不可以逃课，但孩子仍希望可以跟同龄人一起玩。对于孩子而言，想和同龄人一起玩耍也是理所当然的事情。尤其在父母很少给予孩子报偿(赞美、认同、回馈）的情况下，孩子没有内化这些经验的机会，他们就无法抵御玩耍带来的诱惑。

这时，如果父母穷究事情的真相，孩子因为“想要逃避责罚而选择说谎”的概率就会变得非常高。不敢说实话或者“就算说了实话也会被责骂”的恐惧感，让他们急于用谎言来掩盖事实。

谎言中“被动的攻击性”

说谎的原因是什么呢？其实，谎言中包含了“被动的攻击性”。在权威型或专制型父母的教养下成长起来的孩子，说谎的频率会更高。如果父母在教育孩子时常说“做这个！不要做那个！”等专断的话，那么当在父母面前时，孩子会无条件地回答“好”；但当父母不在面前的时候，孩子那些被压抑的情绪便会重新浮上心头，从而做出反抗父母的行为。

在这种环境下长大的孩子，成年后也会以类似的方式生活。即他们会用说谎、找借口或逃避等方式尝试避开生活中的危机。

有些孩子在人前表现出“很听父母的话”的样子，但一转身，就会说出一些很容易被识破的谎言，这让父母的内心十分难受。这确实是一件令人感到无可奈何的事情。经常被责备或被要求按父母的话行事的孩子，就会通过说谎来为难父母。在孩子的意识里，既然不能直接反抗自己畏惧的父母，那就用“不听话”来进行被动的攻击。这时，如果父母继续责备或者批评孩子，孩子内心“被动的攻击性”就会越来越强，孩子也会变得越来越难以捉摸。

从父母那里得到过充足回报的孩子，纵使有想要跟朋友玩耍的想法，为了得到父母的认同与赞美，他们依然会选择认真完成补习班的课程。相反，小时候经常被父母责备，在专制的教育方式下长大的孩子，则已经将“未得到回报”的经验内化，更不期待得到回报。

因此，满足眼前欲望的急切感会在他们的心中油然而生。

那些觉得自己不够好的人，在想要掩饰不完美的自己时也会选择说谎。因为感受过自卑带来的痛苦，所以想用谎言来掩饰自己内心的自卑。举例来说，有人会在某个朋友的聚会上，为了不被他人比下去，就谎称自己去过实际上从未涉足的地方，或者说自己做过了明明没做过的事。也有人不愿意向他人请教自己不懂的事，因为觉得这样做会显得自己很愚蠢。这种人在他人来询问事情时，无论如何都会表现出很懂的样子。

英锡不爱洗澡。无计可施之下，妈妈说："老师说你身上有怪味道。"实际上，老师并没有说过这种话，但妈妈为了控制英锡选择说谎。有时，人们也会像英锡妈妈这样，以操控或控制孩子的行为为目的而说谎。

谎言会让我们的灵魂受损。无论是善意的谎言还是恶意的谎言，只要是以操控我们为目的的，都会对我们造成不好的影响。

有些父母会对领养的孩子说："是我们生下了你。"但是，心理学家唐纳德·温尼科特[①]认为，这种善意的谎言也会给孩子的心灵造成伤害。等孩子到了懂事的年纪，建议还是把真相告诉他。

---

① 唐纳德·温尼科特（Donald Winnicott），精神分析学者，也是儿科医师，主要研究儿童发展领域，在儿童心理治疗领域有庞大的影响力。

你到底想要隐藏什么

谎言都是从“想要隐藏什么”开始的。经常说谎的人，需要认真思考，找出自己无法真诚面对的东西到底是什么、到底在害怕什么、到底想要隐藏什么，再好好地理解并接受它们，之后，就可以不再选择说谎这种糟糕的方式了。

暴饮暴食无法填饱情感的饥饿

下雨时，有人想吃煎饼[①]，也有人想要喝一碗热汤。为什么在下雨时，人们会想吃煎饼或者想喝一碗热汤呢？

在下雨天，我们容易感到忧郁。雨滴就像脸上的泪水一样，阴雨绵绵的天气就像是藏在我们内心深处的哀伤。在这种天气里，人们心中寂寞与空虚的感觉会变得更深重。但是，我们并不愿意承认心中的这种感觉。因为在承认它们的瞬间，我们好像真的成了忧郁又寂寞的个体。

承认忧郁，才能减少忧郁

我们在忧郁的时候，唯一想做的事情就是吃东西。在这种情况下，吃东西不再是为了填饱肚子，而是为了压抑并吞下自己的负面感受。

我们尝试通过吃东西来忘记忧郁或者忘记哀伤。将食物送进肚子，顺势将寂寞与哀伤也送进肚子深处埋藏起来。当内心的寂

① 源自韩国的大众饮食文化，人们在下雨时喜欢吃煎饼配马格利酒。

寞或不安、愤怒或埋怨像泉水一样涌上来时，我们想要通过不停地吃东西来转移自己的注意力，让自己不受坏情绪的影响，并将它们全部吞进肚子里。因此，即使我们感觉自己已经吃饱了、肚子已经快被撑破了，嘴巴却还在吃。

一个饮食上瘾者的独白

以下是美贤小姐的独白，她20多岁，患有饮食上瘾症。

“我是患有饮食上瘾症的人。虽然我想要变苗条的欲望非常强烈，但想要吃东西的欲望似乎更胜一筹。每次减重失败后，我都会觉得很受打击，因此也变得更加忧郁，会对自己感到失望。现在，我甚至有点害怕我自己。

“我的嘴巴一刻也停不下来。只要家里有吃的东西，我就要将它们吃到见底才会停下。除非我在外面办事情，否则，当我独自在家里看电视或写作业时，我都会不停地找东西吃。

“脑子里明明知道不能这样做，但我的行为却停不下来。如果家里已经没有东西可以吃了，那么我就会叫外卖，或者去店里下单、打包带回家吃。

“最近，我感觉到处都有美食。水果、面包、冰激凌，还有路边摊售卖的辣炒年糕与猪血肠，我的眼睛随便一扫就能发现遍地的美食。就连我登录在线购物平台或打开手机外卖软件时，也感觉满世界都是便宜美食！每天，我一睁开眼睛就发现自己已经深陷诱惑之中，因此我一定会买些食物来吃，至少买一种。

“如果家里还有吃的东西，我就会像已经计划好了似的，在一天之内将它们全部扫空。也出于这个原因，我会买更多的食物囤积起来，但好像从来没有吃剩下的食物。有时，我甚至会觉得路边摊的食物正在跟我说话，像是说着：‘来吃我吧，来吃我吧。’以前，曾有人说我很瘦，但是，我现在只要一看到镜子里的自己，就有种无法忍受的厌恶感。救救我吧，请在没有食物的地方把我关一个月吧。”

美贤小姐到底为什么会对食物上瘾呢？美贤小姐想要改掉“对食物上瘾”这个坏习惯却改不掉，看着镜子里越来越胖的自己又会一直自责，她的内心到底有什么问题？

婴儿在出生后会通过嘴巴来探索这个世界并学习收集到的信息。婴儿出生后见到的第一个对象就是自己的母亲，通过吸吮母亲的乳头，婴儿开始了自己与世界的交流。之后，婴儿就会把初次见到的东西都往嘴里放，他们通过吸吮来学习各种不同的信息。

西格蒙德·弗洛伊德[①]将这个时期命名为口腔期（oral stage）。在口腔期，身体会活化嘴巴周边的能量，使它变成婴儿与外界交流的渠道。

---

① 西格蒙德·弗洛伊德（Sigmund Freud），奥地利精神分析学者，为人类心理学开启了“无意识”这个新领域。

在这个时期，婴儿如果没有得到充分的关爱，那么就会被固着（fixation）在口腔期，即执着于口腔行为，并且这种行为会支配其日后的人生。固着指一种类似于汽车在没有汽油时会停止的状况，如果在一个阶段没有得到令自己满足的照顾，我们便会无法成长、前进，只能停留在原来的状态。

最常见的固着行为就是吃东西。从更大的范围来看，这是一种内摄式态度（introjection）。内摄式态度指不断地摄入再摄入，在摄入的过程中将所有的事情握在自己手中。内摄式态度不仅包括通过吃东西来填补自己内心的空缺（情感与情绪的部分），还有其他表现形式，比如一个人在赚到了很多钱、得到了很高的社会地位后依旧感觉不满足，还是不断地获取。

陷在内摄式态度中的人，觉得只有自己关心的事情与自己想要的东西是重要的，因此这种人很难为他人着想或体贴他人。当“我”感到饥饿时，除了急着将自己的肚子填饱之外，没有空闲的时间去思考其他事情。

尝试观察自己的内在世界

固着在口腔期的状态，意味着一个人在情感世界中处于饥饿状态。无法得到爱，就会引起情感上的饥饿，而人会为了填补这种饥饿，为了得到他人的认可与爱而不停地努力。

但是，如果一个人无论怎么努力，也没有办法得到自己想要的爱，最终会因为人际关系的不圆满而体验到失望的感觉。对于爱的饥渴，会转变成对食物的执着，即通过不停地吃东西这一行为填补情绪上的饥饿。

饮食代表母亲的照顾。一个人在成长的过程中，如果没有得到母亲的照顾，将来在心里空虚而感到寂寞时，这个人就会更强烈地执着于吃。

当然，人活着就不可能不吃东西。但是，一个人想要摆脱饮食上瘾，与其努力减少饮食量，不如观察自己的内在世界，努力找出隐藏在里面的情感问题究竟是什么。当我们一点一点地承认那些情绪，并将它们往外倾泻出来时，我们就会明白，其实不需要以过度饮食的方式来压抑自己的情绪，这样就可以自然而然地减轻对饮食的执着了。

被酒精引发的“逃逸感”消解的勇气

在遇见很喜欢喝酒的人时，我偶尔会询问他们：“你到底为什么如此喜欢喝酒？”大部分人会说：“相较于喝酒本身，我更喜欢喝酒时的氛围。”这里提到的所谓“喝酒时的氛围”，我想应该是指以放松的心情与朋友愉快地聊天时的气氛。

到这里一切都没问题。但是，生活中有很多人因无法控制喝酒的量和频率，经常过度喝酒，从而导致不好的事情发生。例如：酗酒会引发肠胃疾病或者头痛等不适；醉酒后昏睡在路边可能会丢失随身物品或者受伤，也可能发生事故导致牙齿或筋骨断裂；在醉酒后不省人事的状态下可能会对他人施暴或卷入口角。

有些人甚至会在醉酒后参与有违道德的甚至违法犯罪的活动，酒醒之后又陷入自责状态或遭受经济上的打击，我们通常称这种情况为“慢性自我虐待症”。

成瘾行为中的否认与自责

慢性自我虐待症指在没有察觉到会对身体造成危害的情况下虐待自己。如果有人对患有慢性自我虐待症的人说：“你喝酒是不是上瘾？”或者“你少喝一点吧！”他们会反驳：“我喝酒不上瘾，只要我愿意，什么时候都可以停止喝酒。”

为什么他们不承认自己喝的酒太多呢？因为他们觉得自己仅仅是喜欢喝酒时的氛围才喝酒。换一种说法，这种人觉得自己不是因为喜欢喝酒才喝，而是因为喜欢喝酒时的氛围才喝了几杯酒而已。他们在酗酒后的第二天晚上会迅速忘掉“以后不再喝酒了”的后悔与自责，又会以喜欢喝酒时的氛围为借口去喝酒。这就如同赌博上瘾者在这一场赌博中输了3000万元，却因为曾经在另一场赌博中赢得30万元，而选择继续赌博。

短暂麻醉后的长久痛苦

因为喜欢喝酒时的氛围而喝酒的人，他们的心里究竟是怎样想的呢？

有些人会反复告诫自己“要对他人亲切”“要有礼貌”“不要给他人造成困扰”，这种人会让自己的人生一直处在紧张或僵硬的状态。酒可以缓和并放松这种人的身体状态，使他们暂时摆脱长期环绕在自己身边的紧绷感，放下自我意识。

自我压迫使神经呈紧张状态，在饮酒后，身心的紧张感与压迫感会在一瞬间“消失”。随后，过度在意他人的想法或让自己变得很紧张的自我检验系统也会停止运作。如此，我们就可以获得喘息的机会，将自己不成熟的部分释放出来，也会感受到所谓的“逃逸感”。

因为喜欢喝酒时的氛围而喝酒的人，在成长过程中经常体验到被人拒绝的滋味。如果一个人经常被拒绝，就会觉得自己是“不好的人”，因此变得不喜欢自己，会时常因担心自己不被他人接受而感到不安。

这时如果喝些酒，在酒精的作用下他可以将脑子里的多巴胺与抗不安的物质 γ-氨基丁酸[①]释放出来。

由此，存在于一个人的潜意识里的不安会减少，紧张感也被消除，这个人会觉得待在喝酒的场合里非常愉快。同时，这个人也会认为自己不是一个被拒绝的人，而是会被人们接受的人；甚至会觉得自己是不错的、正面的人，由此增强自尊心。

但是在酒醒后，这种正面的感觉会立刻消失，不安与紧张的情绪却会更加强烈。于是，为了消除不安与紧张的感觉，找回那种正面的感受，这个人会再度饮酒。反复定期喝酒的人会自然而然地发展成酒精成瘾症患者。

酒会麻醉我们的身体与心灵，让我们忘记本来的自己、忽略我们的身体情况。一个喝醉的人，被打时身体并不会感觉到疼，倒在街头撞断了牙齿也不会觉得痛。酒精对缓解内心的不安与身体的痛苦尤其有效。“你只有这点水平”“你是不孝子”“你是没有价值的人”，酒精成瘾症患者认为想要消除内心这些折磨自己的声音，没有比酒精更有效的东西了。

---

① γ-氨基丁酸（Gamma-aminobutyric acid），一种中枢神经系统抑制性神经递质。

根据海因茨·柯胡特[1]所言，因为心理与生理上的不足，当自我安抚功能无法正常运作时，人们会借助酒精等来安抚自己。

相较于用“你是很好的人”“犯错也没关系”等话语来安慰自己，有些人反而选择把酒精当作慰藉。越是用苛刻的方式逼迫自己或者严格要求自己的人，越会有这种倾向。

对自己苛刻或者严格，与儿童时期的教育环境有很大的关联。因为一个人安慰自己的能力，是在儿童时期依照父母对待自己的态度形成的。孩子要脾气、任性哭闹时，父母安抚孩子的方式会被孩子内化成自己的潜意识，并影响孩子日后的人生。也就是说父母对待孩子的方式，会变成孩子长大后对待自己的方式。

有些父母有耐心、会用温暖的态度安抚孩子，在这种父母的教育下成长起来的孩子，长大后也会用温暖的方式安慰自己，成为即使自己犯错也会温柔地拥抱自己的人。相反，一个人在孩童时期经受的是专制批判的教育方式，那么这个人在长大之后不但无法用温暖的方式来安慰自己，甚至在自己犯错时也会无情地苛责自己。

在孩子出错或做出不成熟行为（父母通常会把这些看成是“犯错”）时，如果父母一味地责骂孩子或者批判孩子的行为，那么之后哪怕只是犯了一个很小的错误，孩子也会过度苛责自己，被负

---

① 海因茨·柯胡特（Heinz Kohut），精神分析学院教授，客体关系学者，研究出分析自己内在的创伤与治疗创伤的方法。

面想法与自卑感所纠缠。

在孩子没有将课业用品准备好，或者吃饭时掉饭粒、不听话，或者因为心里不安而闹脾气的时候，如果父母用“不听妈妈的话就给我出去”“因为你让妈妈伤心了，所以妈妈要离开”“没用的孩子，连……都不会”等话语责备孩子，孩子不仅不会懂得安慰自己或者安抚自己的情绪，反而会苛责或者批判自己。

健康地“倾倒”哀痛与悲伤

以下是一直被负面想法所折磨的55岁的咨询者——京淑小姐的故事。

在京淑小姐读小学五年级时，她的母亲为有酒精成瘾症的丈夫强制办理了住院治疗手续，可是最终她的父亲在医院去世了。京淑小姐几乎不能谈起这件事情。父亲过世之后，京淑小姐内心深深的罪恶感与对父亲的思念让她感到非常痛苦。

京淑小姐对任何事都非常在意。10年前，京淑小姐的小女儿出生后，她受到抑郁症的折磨，时常感到空虚。因此当家人都外出，只有京淑小姐独自在家时，她会因为想起悲惨的过往而开始喝酒。家人们好言相劝，甚至用眼泪攻势辅助，京淑小姐却说：“我无论如何也无法戒酒。”

京淑小姐没有因酗酒而无法做家务，也没有暴力倾向，所以刚开始的时候，连她自己都没能意识到事情的严重性。有段时间，京淑小姐因为胰腺炎反复住院，医生经过检查后判定京淑小姐正是因抑郁而喝酒诱发的胰腺炎，因此京淑小姐前往精神科接受治疗。大约两个月之后，京淑小姐才发觉事情越来越严重了，最终来到心理诊疗室接受长期治疗。

京淑小姐说：“我不是因为喜欢喝酒才喝酒的，相反，我不想喝酒，但也实在无法戒酒。”

京淑小姐需要时间来纠正“是自己害死父亲”的扭曲想法；也需要时间充分哀悼父亲，弥补失去父亲时没有将哀伤表达出来的遗憾；更需要将自己内心的哀伤，毫无保留地对父亲表达出来。

京淑小姐在咨询的过程中，一方面，通过充分表达自己内心对父亲的思念与失去父亲的哀伤，平心静气地接受了“小时候的自己无法处理那个情况”的事实，明白父亲的死不是自己的责任。另一方面，通过承认父亲的死亡，京淑小姐才终于能够真正地送走父亲。她急切地呼喊着：“爸爸！爸爸！爸爸！”通过痛哭，将埋藏在内心深处的哀痛与悲伤“倾倒”出来。如此，解决了心理上的问题之后，京淑小姐说自己已经对喝酒不感兴趣了，喝酒的次数也很自然地大幅度减少，她过上了平静的生活。

别被愤怒之火灼伤了身体和心灵

一个人生气，一定是有理由的。生气是在感受到某种情绪之后，随之而来的一种感受。我们会在有某种感受之后，又因为那份感受而生气。因此，生气也被称作“二次感受”。

由此，我们想要控制自己不生气几乎是不可能的。如果想要控制自己不生气，那么只能进行自我压抑或者自我分裂。顾名思义，自我压抑就是指在意识尚未觉察之前就将某种情感压抑下去。自我压抑后，我们甚至无法察觉到自己在生气，但是生气的“毒”会渗进身体里，而身体也会给出反应——生病。各种病症频繁出现，皮肤上长出奇怪的东西，或者患上无法查明原因的免疫性疾病等都有可能跟压抑生气的情绪有关。

生气源于不安感与挫败感

首先，在基本欲望无法得到满足时，我们会感到生气。俗话说，不要去惹饥饿的狮子。人在饥饿的时候会变得敏感，心理上会处于一种不安的状态。在这种情况下，任谁都会表现出攻击性。如果一个人在幼年时期的基本需求无法得到满足，那么这个人成年后对各种事都会产生很多不满。无法被满足的需求如慢性疾病般持续对我们的生活产生影响，使我们在面对不需要生气的事情时也会生气，对待他人与自己时都充满攻击性。

饥饿不仅指维持身体器官运作的能量的匮乏，来自他人的赞美与认可、温暖的关怀等精神食粮的匮乏也是一种饥饿。人都有被他人关心、被他人爱的需求。当这些我们认为理所当然会被满足的需求没有被满足时，起初，我们只是单纯地感到自己的欲望没有被满足，这种感受会进一步发展为“被剥夺的感受”。一个人会因被剥夺的感受而生气，最开始他觉得自己受到了攻击，因为受到攻击，所以才被剥夺了某种东西，最后他因为某些东西不再属于自己而感到生气。

当期待落空时，我们也会感到生气。而当期待没有落空时，我们就不会生气。实际上，生气是我们拼尽全力为阻挡挫败感而做的二次努力。以在生日时没有收到丈夫送的礼物而感到失望或生气的妻子为例，妻子对丈夫的期待落空随即感到挫败，最终因无法忍受这份挫败而生气。

对各种事都会感到生气的人，他们对事情的期待很高。那么他们一般会抱有什么样的期待呢？他们会抱有“这个世界要依照我的想法运作”，也就是对于“全能感”（omnipotence）的期待——“事情要依照我期待的方式运作，也要依照我的想法实现”。但是这个世界的事态发展常常不尽如人意，他人也不会依照“我”的想法去做。像这样持续被否定、不能心想事成的现实状况持续存在，会使人在所有事情上都感到挫败，并且一直生气，或者常常发脾气。

有些人开车时会因为塞车而生气，这是因为他们想要畅快地在道路上跑的期待落空了。现实跟人们的期待总有不同，车开上路后可能会事与愿违，发生塞车等情况，也可能会因为发生交通事故而必须等待道路被疏通。

也有很多父母因为孩子不听话而生气，他们觉得自己可以完美控制孩子的期待落空了，因此感到挫败。

这些父母无法接受孩子是独立的个体这一事实，任性地希望孩子可以无条件地听自己的话。他们会因为自己的过度期待而产生挫败并开始生气，却又自欺“这都是为了孩子好”。

夫妻间的期待与争吵

想要改变丈夫的妻子觉得他应该依照自己的标准与想法行事，期待落空后她就会感到受挫，之后便会生气，于是开始责备对方。夫妻进行咨询时，我常常会看到认为对方无法达到自己期待的丈夫或妻子，单方面地责骂对方或者发泄怒气的情形。

住在忠清北道的一对40多岁的夫妻造访了诊疗室。这对夫妻在生活中无法沟通、经常吵架，而在吵架过程中妻子会变得越来越生气，甚至感到痛苦。

丈夫：“怎么讲都讲不通，我快烦死了。如果我没有按照她的想法回答，她就会问我为什么不老实说出来。举个例子，她认为我看见路过的女性会流口水。可实际上，我只是稍微瞄了一眼，她又说我看对方的眼神很不纯洁，要我赶快承认。无论我怎样回答，只要跟她的想法不一样，她就会开始怀疑我，直到我说出她想要听的答案。

“但在那之后，她又会开始追究。说我好歹也是有社会地位的人，怎么可以做出那么低级的行为，责备我并要求我谨言慎行。她又会问我在公司过得好不好，如果我说一切都很顺利，那么她就会问我跟同事聊了些什么、我又是如何回答同事的。如果我的回答让她感到不满意，她就会开始逼问我，并问我为什么不能坦白这一切。

“我的妻子想要知道我见了谁，说了什么话。但除非我和那些人谈的是比较特别的事，否则我又怎么能全部记得呢？毕竟平常谈话的内容本就琐碎。”

妻子：“只有了解我的丈夫如何应对这些事，我才有办法纠正他那些肤浅的行为。我不是想要控制我的丈夫，而是因为他无法做出符合社会规范的行为，所以想要纠正他而已。”

从两人的叙述中我们可以得知，妻子觉得自己的想法符合社会规范，所以对无法遵守规范、无法依照她的想法行事的丈夫产生挫败感，并因此常常生气。

停止攻击与内耗

人在受挫时会出现生气的反应。挫败会唤起人产生无法依靠自己的力量去改变外部世界的无力感。这种无力感会让人觉得自己无用，留下某种无法明确定义但使人不愉快的感觉。

为了摆脱这种不愉快的感觉，人们会开始生气，而常在这时候怪罪他人——采取“我没有错，我不是没用的人”“我是好人，都是因为你没有好好做所以才没有得到好的结果”等态度，将自己包装成有能力的人，事与愿违都是受外部因素的影响。

“觉得自己没有任何问题”这种“投射”（projection）的反应在自我越脆弱的时候，会变得越激烈，并且会反复出现。

有些老师会明显区别对待学习成绩好的学生与学习成绩不好的学生。在这种老师中，有很多人都停留在幼儿时期，保持着一种心理发育不完全的状态。

看到学习成绩好的学生时，他们内心会浮现出“是我教得好”“我是有能力的老师”等想法，因此会想要更亲近学习成绩好的学生。相反，如果他们看见学习成绩不好的学生，就会认为是自己无能，没能将这个学生教好，内心会产生“我很没用”“是我教得不好”“是身为老师的我能力不足”等想法。在这种情况下，这些老师深藏在内心深处的挫败感便开始“发力”，促使他们远离那些成绩不好的学生。

与不成熟并且低自尊的老师不同，高自尊的老师看到学习成绩不好的学生，不会认为这个结果是自己没有能力导致的。

人们也会因为害怕被忽视而生气。在觉得自己可能被忽视时，一些人会为了避免这种状况发生，选择先发制人，抢先忽视对方。在这个过程中，他们常常会感到生气。自我存在感越薄弱，就越容易被“对方会忽视我的想法”所束缚，每当这种时候，他们就会依照这个想法去理解对方所说的话与行为。

对方明明是很自然地在说话，却被他们扭曲成是“忽视我的话或行为”，又为了印证自己的想法而无意识地努力争取对方的肯定。

人之所以会生气，是因为无法接受在生气这种情绪出现之前，人所感受到的情绪。如果你经常生气，那与其去努力压抑想要生气的感觉，倒不如先思考一下，自己不能接受的究竟是什么样的感觉。

调节欲望，减轻压抑，自然沉浸

一位在他人眼中有着体面的工作且道德高尚的老实青年，却莫名地被性冲动支配着，不断地认识新的女性并与对方发生性关系，又因为这样做而感到痛苦。

在那些咨询性上瘾的咨询者中，我经常会听到年轻的男性诉说类似的话，内容如下：

“我的外表看起来很正常，但是我的内心有一个不能跟任何人分享的秘密。我第一次与他人发生性关系是在我22岁的时候，在一种非常勉强的情况下，我与女朋友发生了性关系。之后，一股难以形容的空虚感席卷了我的内心。仅仅在最近的一段时间，我就与通过网络认识的两个人见面并且发生了性关系。我与其中一位女性维持了大约6个月的性关系，又跟另一位女性维持了约4个月的性关系。问题在于，我从事的行业对就业者的道德要求很高。但是每当我觉得没有自信的时候，就会想要跟其他人发生性关系。昨天早上起床后，我再一次因为感到空虚而去与异性网友聊天，并且与陌生的女性见了面。我感觉自己像是掉进了恶性循环，请问我该怎么做呢？”

这种已经无法通过伦理或个人意志去改变的恶性循环，到底是怎么形成的呢？

性欲，精神健康的测量仪

性，是用来检测一个人的精神状态是否正常的敏锐测量仪。在进入青少年时期后，人就会开始关心并对性产生兴趣。青少年时期，人对性的关心开始萌芽，这是人在成长过程中再正常不过的经历。

但是，在社会与文化的影响下，我们并不会公然讨论性，我们羞于谈论“性究竟是一种怎样的行为”。最后，人们不是过度压抑性，就是浑浑噩噩地过着混乱的性生活。

社会越是禁止或压抑性，性冲动反弹带来的影响就越强烈，这也就是所谓的“弹簧效应”。当压抑冲动的力量稍稍减弱，被压抑的性能量就会变成无法控制的庞大冲动。如果因为压力太大让自我压抑的力量减弱，性冲动就会超过可以控制的范围。

性冲动背后的心理创伤

为什么人们偏偏会执着于性呢？以下几种类型的人会过度执着于性。

第一种是对于性本身没有自信或者在两性关系中感到自卑的人。身为男性，觉得自己没有男子气概，或觉得自己不够帅气；身为女性，觉得自己不美也没有魅力。这种情况下，人希望与异性见面并发生性关系的欲望会变得更加强烈。

有些男性会在与女性发生性关系之后，陶醉在征服他人的快感或成就感中，会感觉这证明了自己是有能力且帅气的男性。

越是倾向于将“觉得自己没有魅力或无力”的感觉深藏在内心的男性，就越会执着于性，有想要借此来提高个人成就感的倾向。

这种男性在与网友聊天时，一定要得到女网友的良好回应，才能与她好好地度过那一天。相反，如果对方没能够给予他良好的回应，他就会迅速转移目标，寻找下一个对象。这时，发生性关系不是为了获得性带来的欢愉，而是成为一种验证自己具有男性魅力的手段。

女性也是一样。潜意识里越是觉得自己没有魅力、不被爱，就越想要通过与许多男性发生关系来验证自己的魅力。

由于这类人已经陷入了“我是无法得到爱的人”的想法，所以他们无时无刻不因担心对方会离开自己而感到不安。如果真的与对方分手了，他们就会立刻寻找下一个对象。就好像溺水的人在水中失去理性、拼命挣扎一样，这类人会陷入不断寻找异性又感到迷惘的恶性循环。

第二种是将性刺激本身作为目的的人。用一时的性刺激来发泄被压抑的压力或愤怒。

性刺激有减少内心愤怒的效果。通常感到生气但不太能表现出来的人，会通过性刺激将愤怒发泄出来。这类人的内心里有一种折磨自己的信号——“我只有这点水平”“我是不入流的人”“我是没有用的人”等，他们无法消除内心产生的自我批判与自我评价的声音。

尤其在事情发展不顺利，或者没有依照自己的想法发展时，他们会因为挫折与失败带来的压力，成倍增加对自己的责难。当他们想要短暂地疗愈这种受伤的心时，就会去寻找性的刺激。

最后一种就是渴求被爱的人。渴求被爱的人，与其说是贪溺于性带来的欢愉，不如说是希望自己的一切都被异性接纳。即他们渴望有人可以不带任何批判地倾听自己的所有事情，因为这种感觉极为舒适。

根据心理学家罗纳德·费尔贝恩[①]所言，在两性的关系中无法得到尊重、无法被爱的一方会对性产生执着。这种类型的男性，虽然非常想要被爱，但在日常生活中甚至无法顺利与女性展开谈话，所以在两性关系中总是没有自信，也会退缩。

如果一个人无法自然地沉浸于性，意味着他对性有负面的感

① 罗纳德·费尔贝恩（Ronald Fairbairn），客体关系学者。对弗洛伊德的理论有许多疑问，所以为了补充这个部分，独自创立了自己的理论体系。他认为病患与家人、病患与其他人的关系是临床诊疗中最重要的要素。

受或想法，需要通过心理治疗去调节，思考在性冲动当中到底隐藏着什么样的信号：如观察自己内在世界中的创伤，再一次体验这些创伤时，不要压抑性冲动；或者出现强迫性性冲动时，可以试试适时地调节与控制性冲动。

用安全感拯救挥霍无度的“购物欲”

经常冲动消费的人都有共同的行为模式。这些人在逛街时，“经常”“发现”“便宜”的产品，然后内心会涌现出“如果现在不买，就再也没有办法用这么便宜的价格买到了”的想法。便宜的产品对他们而言，就好像是掉在路边的钱，如果只是路过而不捡实在是太可惜了。错过这种绝妙的机会，感觉就像是自己将好运踢走一样。这时，你会看到他们掏出钱包准备买单了。

“不是我想买，而是产品在对我招手。”

30 多岁的家庭主妇恩英小姐，是一位对购物上瘾的女性。

恩英小姐说：“当我在路边逛街或者去百货公司闲逛时，如果看到喜欢的衣服，总觉得那些衣服仿佛在对我招手说：‘带我走吧！’在看电视购物节目时，我会不自觉地开始订购商品。得知商品打折信息后，等我回过神来会发现自己已经站在卖场了。”

然而，恩英小姐买回来的东西只会原封不动地堆放在某个角落。一天中，快递员可能会数次将恩英小姐购买的商品送到她家，但是恩英小姐甚至来不及拆封，这些快递就被她冷落在一旁。就算她从箱子里拿出商品也不会剪掉商品标签，而是直接将它放在一边。对恩英小姐来说，购物不是因为需要某些东西，购买这个行为本身就是她的目的。

由剥夺感引发的购物成瘾

咨询师："什么事情让你感到痛苦呢？"

恩英小姐："我也不知道。只是在家里时，我总会无缘无故地感到空虚和不安。一到这种时候，我就会收看电视购物节目，明明想着'不要再买了'，却已经在不知不觉中完成付款了。"

咨询师："你很容易感到寂寞吗？"

恩英小姐："对，我的妈妈很早就去世了，所以我一个人待着的时间比较长。妈妈过世两年后，爸爸就跟继母结婚了。因为我和继母单独相处时会觉得不自在，所以到了晚上我就会期待爸爸能早点回家。偶尔，爸爸买礼物回来送给我的时候，我就会觉得很开心。"

咨询师："这样看来快递员送包裹到你家的时候，给你的感觉就像是爸爸买礼物送给你。"

恩英小姐："对。就像我小时候孤独无助又殷切地期盼着爸爸回家的感觉……好像是那种感觉。"（开始啜泣）

从心理学的角度来看，让恩英小姐疲惫不堪的购物成瘾，具备跟盗窃癖类似的心理结构。但购物是需要支付金钱购买物品的，而盗窃是不支付金钱直接偷窃物品，那么，为什么购物成瘾和盗窃癖的心理结构相似呢？

唐纳德·温尼科特指出，盗窃癖源自“被剥夺”的经历，同时有很多购物成瘾是由人在成长过程中“感受到被剥夺”的经历所致。所谓的“被剥夺”是指人在出生初期（1—2 岁），原本得到了很好的爱与照顾，却又迅速失去的情况。被人温暖对待、悉心照顾的婴儿，在经历重大事件或者急剧的环境变化时，内心遭受到的伤害如黑洞般庞大。

假设一个人的妈妈得了抑郁症，或因为突发事故住院，或弟弟妹妹出生后妈妈的注意力全部转移到他们身上，这个人就会体验到“被剥夺”的感觉。因父母离婚而承受精神压力，并封闭情绪，也会让一个人体验到“被剥夺”的感觉。孩子会觉得曾经集中在自己身上的关心与爱在一瞬间消失了，就好像是“被抢走了”。所以为了找回被抢走的东西，他们会无意识地尝试“偷窃”。

被抢走的是什么？要偷窃的又是什么？那就是爱。为了找回被抢走的爱，所以去抢物品（爱），这就是隐藏在冲动消费与购物上瘾行为背后的心理结构。

不久前，来过诊疗室的美珍小姐，在最近的 6 个月内竟然砸下 8 万元购买衣服。

咨询师："您为什么会买那么多衣服呢？"

美珍小姐："新产品上市时，我就会收到短信提醒。然后，我就会去店里看新衣服，在看衣服的过程中店员会跟我闲聊，给我的感觉很好。像这样被人关心、有人亲切地对待我时，我会觉得自己是重要并且有价值的人。"

美珍小姐在跟店员聊天的过程中，短暂填补了内心的空虚。用美丽又时尚的衣服装扮自己时，她感觉自己是有价值的人，这让她很开心。实际上，观察人们在百货公司或者服饰店的购物过程后，我们发现店员总是会给予顾客亲切友善的回应，并且会毫不吝啬地赞叹"好适合""好美"等。

美珍小姐也表示，在购买流行服饰或者新产品的过程中，她觉得自己不是一个没有价值的、失败的人。在此过程中，接收到不曾体验过的关心与爱，可以掩饰内心中认为自己不值得被爱的自卑感。

化解自己无意识的渴求

购物成瘾或冲动消费的另一个特征就是，这种状况更经常发生在女性群体而不是男性群体中。在了解了对购物上瘾的女性的心理状态后，我们发现其中通常混杂着"愤怒"的情感。购物成瘾的女性通过购物这个行为去消除内心对父母或丈夫的不满。换句话说，她们通过挥霍金钱来打击父母的经济状况，或者将丈夫辛苦赚来的钱统统浪费掉，好让丈夫的付出变得没有价值。

如果真的爱着自己的丈夫，她就不会将丈夫辛苦赚回来的钱随意花掉。但是这种女性讨厌丈夫，甚至连丈夫赚来的钱都讨厌，因此她想要把他的劳动果实“撒”在没有意义的地方，让其消失不见。

人们在理性状态下觉得这是一种非常荒唐的想法，但我们却会无意识地做出这种事。

对父母感到愤怒也会演变成同样的结果。美珍小姐就是从对父母的埋怨与愤怒开始，逐渐发展成购物成瘾者。了解美珍小姐内心深处的世界后，我们发现她在无意识的冲动下，通过不断挥霍金钱让自己的人生变得痛苦，同时也想将自己痛苦的人生呈现给父母看。

某些人将“想让父母感受到痛苦”的无意识冲动延伸到将“使自己痛苦的责任”转嫁到父母身上。这时候，这些人会直接表达出希望父母替自己偿还债务的愿望，或者直接让父母成为代偿债务的人（收到存证信函或者接到追讨的电话），代替自己背起重担。

购物成瘾是从爱的缺乏与感受到愤怒开始的。重要的是，在那些无法控制的强烈冲动之中，存在着无意识的、未被满足的渴求或未被解决的困扰。

Part / 2

先爱己，后爱人

在对他人负责之前，首要任务是能感受到自己的情绪并接受它们。消除铭刻在内心的、重复出现的负面言语，当能够接受并拥抱自己原本的样子时，我们就会变成能够主导自己人生的个体。

为被别人的脸色压垮的自己“解解压”

说一个人“很会看脸色”，在有些人看来可能是一种赞美，但当事人的心里可能会觉得不舒服。

“我是一个40多岁的男性，总是因为自己太注重看人脸色而觉得苦闷，明明不喜欢，却总是无意识地这样做。参加聚会时，我会很快明白到底要怎么做才会讨人喜欢，然后努力去讨好他人。当我发现自己总是在不自觉地做讨他人喜欢的事情时，我又会感到非常挫败。即使我刻意地装迟钝或装作没看见，但还是一眼就会注意到他人表现出的喜欢或不喜欢我的样子。当我注意到这些之后，如果不回应他们，我就会觉得很奇怪；如果真的克制住自己、什么都不做，我又会坐立难安。

“时间久了，我就会想，为什么其他人看不见我的风趣？为什么只有我要这样看他人脸色、配合他人？自我埋怨之感油然而生。我觉得身体快要承受不了了。”

就像这位男性的独白一样，如果一直看人脸色行事并去讨好他人，人生该有多苦闷啊！

经常看人脸色会变得极度敏感，然后就会出现以下这种情况。

别被别人的情绪支配了人生

“你好！我是26岁的职场女性，每天都过着精神很疲惫的日子。朋友或男朋友只要没有和我保持联系，我就会感到不安，也会不自觉地一直看人脸色行事。如果感觉到他人对我不友好，我就会瞬间变得沮丧并感到忧虑。好累，我简直快晕倒了。我转念一想，又觉得自己好像缺少爱一样。

“在我读小学三年级时，爸爸的公司倒闭了，虽然家庭环境变得很差，但是父母还是按照在我很小的时候就决定好的那样，送我出国留学。在家庭条件变差时去留学，我过得比周围的朋友们更辛苦。即使如此，我还是撑过了那段日子。也许是我忽然变得叛逆了，有一段时间，我常跟朋友们在一起玩，后来放弃了学业。

“在那之后，我的心里就一直很痛苦，总是不自觉地想要结束自己的生命。我想要从窗口跳下去，却没有勇气。有一次，我甚至已经服下了过量的安眠药，但没有死。我真的不知道该怎么办，请救救我吧。”

会看脸色是一种生存能力

人们常说："要看情况处理事情。"或者说："这人怎么如此目中无人，竟然做出这种事情。"

这表示，会看人脸色是在社会生活中以及人际交往时的必要能力。

会看人脸色意味着在聚会时能快速把握现场的气氛或者察觉他人的感受，并给出适度的反应。简单地说，会看人脸色就是能精准地判断出现场的情况，并给出适当反应的一种"雷达"。但是如果"雷达"太敏感，人们在面对小事时仍会处于神经绷紧的状态，或对琐碎的感受一一做出回应，却没有办法做出符合自己意愿的行为，或说自己想说的话。

当这种状况反复发生时，人们对自我或他人的关注都会变得更强烈。对内会更加苛责无法表达出真实意愿的自己，对外则对他人毫无意义的对话或行为感到紧张不安。举个例子，人们有时会突如其来地感到不安，或是被"他们是不是不喜欢我""他们是不是说我不好""被拒绝的话我该怎么办呢"等想法所折磨。

别再做别人眼中的"好好先生"

看人脸色跟怀疑他人，在态度层面上虽然不同，但它们其实是相似的。如果说怀疑是出于担心自己被他人攻击，所以先发制人地发动攻击，那么，看人脸色就是想要配合他人的感受或反应行事，让自己可以被当成好人。常常看人脸色的人内心萦绕着一股信念，他们认为如果自己是好人，就不会被拒绝，也不会被遗弃。

这种信念大多萌生于孩子在成长过程中面临父母的情绪起伏大时或者父母患有抑郁症时。孩子觉得关注父母的情绪变化是自己的责任，于是他们开始看父母的脸色，并试着配合父母。就像小丑一样，孩子认为只有父母开心，自己才不会被拒绝、被遗弃。

- “我快被你气死了。”
- “你如果认真做，妈妈会生气吗？”
- “就是因为怀了你，我才没能跟你爸爸分手。”
- “你知道你在我肚子里的时候，我有多么辛苦吗？”

听到上述话语的孩子成长在“父母将自己的痛苦归咎于孩子”的情况下。在这种情况下，孩子会觉得：“都是我不好，所以爸爸妈妈才会这么辛苦。”所以在父母心情不好或痛苦时，孩子就会将责任转移到自己身上。最后，演变成将他人心情不好的责任全都归咎到自己身上的错误想法。

亲子关系中的“脸色陷阱”

人们基本上都会有想要帮助他人，或者替他人负责的想法。在父母不和睦或者离婚的情况下，孩子会觉得这些是自己的责任。无论是有意识还是无意识，孩子对家庭的破碎有着过度的自责与罪恶感。

即使父母离婚是因为爸爸有外遇，孩子也会无条件地觉得那是自己的错，会产生“如果我可以更听话一点，他们或许就不会离婚了”的罪恶感。父母的婚姻出现问题，孩子会觉得自己必须表现得更好，因此开始学着看周遭人的脸色。问题在于，像这样一直为他人的感受负责，孩子会对所有的事情都感到沮丧并且精神逐渐萎靡。当这样的情绪存在于孩子身上，他的生活只会更加辛苦。

某个咨询者在小时候父母离婚了，他跟着妈妈生活。妈妈不停地重复：“为了不让人笑话你是没有爸爸的孩子，你更要好好表现。”这导致虽然他跟其他不懂事的孩子一样处在贪玩的年纪，却总是会注意自己的言行举止，并注意看周遭人的脸色。

这位咨询者通过与咨询师沟通，将内心里不断响起的对话复述出来，例如“你一定要好好表现，妈妈才不会被骂”“到哪里都不能被人家说你是没有爸爸的孩子”“绝对不可以做出给他人带来困扰的事情”等，并且将这些一直困扰着自己的话语一一删除，然后一点一点地将自己从负面情绪中解救出来，接着再从“不安与看人脸色”的状态中解脱。现在，这位咨询者已经可以不用看任何人的脸色，依照自己本来的样子生活。

善变的父母与“情绪勒索”

唐纳德·温尼科特说：“幼儿观察母亲的表情，就是开始看人脸色。”看人脸色，从幼儿学习爬行开始。幼儿会通过观察母亲的表情去判断这个东西能不能摸、那件事情能不能做，并且决定自己摸不摸这个东西、做不做那件事情。母亲如果皱眉或者做出惊讶的表情，那么婴儿就会立即停止手中的动作。

母亲的情绪起伏大时会发生什么样的情况呢？

如果母亲的情绪非常极端，或者无法被预测，孩子就会怀着紧张或不安的心情观察母亲的表情，为了应对可能会出现的情况而竭尽所能地努力着。如同气象预报说天气晴朗时我们就安心，说会下雨就要准备雨伞一样。

温尼科特指出："一味打骂孩子的父母固然可恶，但善变且情绪起伏大的父母更坏。"在教育孩子的过程中，如果父母非打即骂，那孩子可以依照状况做出防御。但面对善变的父母时，孩子想要防御并且配合父母的努力会全部付诸东流。

拥有一对善变的父母，孩子时时刻刻都可能遭受情绪勒索，为了应对每个突发状况，他只能一直看人脸色。

我们不可能也没必要为他人的情绪负责。无论一个人多么会看人脸色、能做出多么纯熟的应对，这个世界也不会因他的牺牲与付出努力的程度而认同他。此外，如果没能好好拥抱自己的情绪，只是依附在他人身上而导致自己的情绪摇摆不定，这个人也无法享有属于自己的幸福人生。

在对他人的情绪负责之前，首要任务是能感受到自己的情绪并接受它们。当能接受并拥抱自己原本的样子时，我们就会成为主导自己人生的个体。

勇敢开口寻求帮助，过不累的人生

有位40多岁的女性咨询者，回想起自己不曾接受任何人的帮助，也不曾帮助过任何人的痛苦生活。

“从小学一年级开始我就被同学们排挤，坐在后排的同学用铅笔尖戳我的后背，有些同学甚至在我的便当里放了鼻涕。当时我痛苦得快要窒息了，老师与父母却没有把这些当一回事。

“忍耐到极限的时候我会跟老师告状，但老师也只是口头警告这些同学，并没有从根本上解决这些问题。反而对我说：‘你要好好保护便当，同学们欺负你时，要跟同学们说不要再欺负你了。’如果我叫他们不要欺负我，他们就不会再欺负我的话，这些事情根本就不会发生了。

“我将这些烦恼告诉了爸爸妈妈，他们却只是说：‘好像玩笑开得有点大，但也不是什么大事，所以试着好好跟同学相处吧。’显然，父母也没有把我的话听进去。因为我一直强调自己被欺负了，所以他们好像拜访了老师一两次，但是令我痛苦的学校生活却没有发生变化。

“爸爸妈妈好像不理解那个时候的我有多么痛苦。与其说让他们理解我的痛苦，我反而觉得这件事情更多的是让他们感到有点烦。因此，无论后来被欺负成什么样，我都不愿意跟老师或爸爸妈妈沟通。我知道，就算说了也不会有改变，同学们反而会因为老师说的几句关心话，变本加厉地欺负我。

“那时，我觉得自己在这个世界上从来都是孤孤单单的一个人。直到小学毕业，我都是一个人忍受并熬过了那些被排挤的日子。没有任何人帮助我，我也没有再向任何人寻求帮助，因为我觉得自己不会得到帮助。

“我就这样寂寞又空虚地长大。为了安抚内心可怕的寂寞感，我开始谈恋爱。就算是经历过失望，我还是希望能在这个世界上找到一个为我着想、愿意站在我这边的人。

“不过这只是一份短暂的慰藉。内心被安抚的感觉很快就消失了，因为我发现和我谈恋爱的人并不站在我这边，只是利用我而已。”

这位咨询者得不到帮助，感觉只有自己被遗留在这个世界上，承受着没有人为自己着想的孤独与寂寞。她为什么不曾接受帮助呢？

用帮助向孩子传达爱意

我们从出生之日起就依赖于他人的帮助而生活。这里所谓的帮助，不是从父母的角度去思考，而是从孩子的角度去理解，提供孩子需要的帮助。父母都会想照顾并帮助孩子，但是父母经常被困在以自我为中心的牢笼中，于是当孩子向他们提出需要帮助时，父母很多时候会置之不理或忽视。

有一位母亲与孩子因为彼此间沟通困难来到诊疗室寻求帮助。

母亲期盼自己能成为一位好母亲，但是孩子却因为母亲想要帮助自己而感到不自在。在听完两个人的话之后，我让孩子与母亲将自己的需求分别写下来。

孩子的需求是“希望妈妈跟我一起玩拼图”，可是这位母亲却没有办法满足这样的需求。

母亲困惑地说:“一定要能帮助孩子，才能成为好父母不是吗?跟孩子去做一些不是那么重要的事情，怎么会变成一个美好的回忆呢？”

这位母亲认为一定要做有意义的或重要的事情，才会对孩子有帮助。所以当孩子说希望和她一起玩拼图时，这位母亲觉得这不是重要的事，而这时候孩子就会觉得“妈妈认为我不重要”，并感到受挫。当他人，尤其是母亲，觉得孩子的兴趣不重要或者未能表达出对孩子的喜欢时，孩子会认为自己的选择是微不足道的，自己是没有用的个体。

站在父母的角度去想，他们觉得自己已经给予了孩子需要的一切（提供吃住与教育，也买了孩子想要的东西），不明白到底还存在什么问题？但面对无法满足自己需求的父母，孩子却想：“我从父母那里应该是得不到想要的东西了。”当孩子的这种想法转变成坚定的信念，进而放弃“我可以得到想要的东西”的期望，孩子便再也不会寻求帮助了。

值得被帮助的你，请主动开口

以之前提到的那位 40 多岁的女性咨询者为例，她说：

“这个世界上没有任何人帮助过我。直到现在，我都殷切地期盼着有人可以为我提供帮助，但现实却令我感到失望。如果再一次遇到困难，我还是会跟周遭所有人切断联系，靠自己的力量解决问题。”

一个人小时候受过得不到帮助的煎熬，长大成人后，即使在遇到困难时可以寻求帮助，这个人也无法迈出这一步，他会将小时候积累的经验内化，并将这份经验带入当下。

约翰 · 鲍比[①]认为，人们幼年时期会通过与依附对象建立关系，形成“内在运作模式”（internal working models），在现实生活中持续感到痛苦的时候，就会产生“强迫性的重复行为”。

不能接受他人帮助的人，会觉得不寻求帮助才能与他人形成

① 约翰 · 鲍比（John Bowlby），英国精神分析学者，也被称为“依附理论之父”。

依附关系。在一个人小时候，当他向母亲提出请求时，母亲总是表现出一副不耐烦的样子，那么这个孩子会因为害怕被母亲遗弃，放弃接受帮助，而将自己封闭起来。像这种在小时候独自承受痛苦的人，在成年后也会倒向孤立的状态。

如果一个人觉得自己可能会被遗弃或被拒绝，那么他就很难对他人说出自己遇到的困难或向他人寻求帮助。

例如，他可能在觉得非常痛苦、想要得到帮助时，选择给朋友打电话，朋友很开心地接起了电话，但他却没有办法将自己需要的帮助说出口，他们在这通电话里只是单纯地彼此问安。尽管他殷切地希望对方能够理解自己打电话的用意，能够读出自己的心情，可他就是没有办法把话说出口。这时，他看似是在寻求帮助，实际上却没能通过有效的沟通让对方理解自己的需求。

这当中存在着“自己是不值得被帮助的无意识”。正是因为这种“无意识”在作祟，所以他无法直接表达出自己的想法，只能等待对方弄清自己的心意。要记住，如果没有办法表达得具体，对方就不可能理解我们的心意。

被内化的无助信念

我偶尔会对儿童进行“游戏治疗”。有个游戏是：“发生了战争或者事故，儿童们在等待救援”，我在一旁观察时常常会看到一种情况——警察或救援的人没有来。还有种情况是，警察或救援的人虽然会来，但他们在赶来的途中可能会翻车，或者被敌人攻击。

玩这个游戏的孩子又有什么样的心理状态呢？通常，他们都会暗示自己需要帮助，但最终却会演变成没有办法接受帮助的情形。因为，无法被帮助的信念已经被这些孩子内化了，在无意识的情形下，他们也理所当然地不会请求他人帮助自己，就算他人主动想要帮助他们，这些孩子也不会接受。在这些孩子的意识中，是希望得到来自他人的帮助的，但已经被内化的信念会促使这些孩子拒绝与帮助相关的所有行为。

成年人也一样。一个人在需要帮助的情况下，想不到可以帮助自己的人，或者想到了谁，但又觉得对方无法帮助自己时，就需要好好地观察一下自己的内心，思考我们的心中到底存有什么样的错误观念。适度地接受来自他人的帮助并给予他人帮助，在我们的生活中是一件必要的事情。我们必须牢记，这些经验会让我们的人生变得更有价值。

信任与亲密是治愈“恐人症”的解药

先靠近对方代表确认自己会被对方接受，并且会得到对方的爱。

如果一个人先入为主地认为对方不会接受自己，那又怎么会选择先靠近对方呢？一个人怀揣着可能会被拒绝的恐惧而靠近另一个人，就等于是在枪林弹雨的战场上摊开双手走路。

被拒绝的恐惧和守住自尊与这个问题有直接的相关性。甚至有人为了守住自尊而干脆选择自杀，例如切腹的日本武士、被贿赂案件牵连而接受内部监察的公务员，他们会选择用自杀这种极端的手段，来保护崩坏的自尊。

怀抱着可能会被拒绝的恐惧靠近他人，是一件非常困难的事情。

积累信任，形成健康的依附关系

如果我们想要靠近某个人，必须先积累起对这个人基本的信任。那么对一个人的信任又是如何形成的呢？

借助第一次与养育者建立关系的经验，我们开始学习信任他人。如果一个人没有办法先去靠近他人，那么需要特别观察一下当事人与其母亲的关系。如果这个人很少甚至几乎没有从母亲那里得到过安慰或者支持，他就不会期待他人接受自己。更进一步地说，这个人并不会期望自己能通过人际关系获得安慰或幸福。

依照约翰·鲍比的“依附理论”，这种人被归类于“逃避／忽视型依附”。“依附”，表示一个人与养育者或特别的社会对象形成亲密的情绪关系。一个人在出生时与父母形成的依附关系好坏，会成为影响其日后人际关系质量高低的关键性因素。

那些急切地想要靠近他人却做不到的人，是因为在小时候没能与父母形成健康的依附关系，所以才会无意识地抗拒他人。

所谓“无意识地抗拒”，特别是指3—7岁的孩子，无法与父母形成稳定的依附关系，因不安而选择逃避的经验被内化，所以会不自觉地逃避父母而不是靠近父母，抢先一步吐出冷漠的话语，做出与想要和父母好好相处的想法完全相反的行为。

“逃避型依附”源自小时候与父母进行眼神接触遭到冷遇或者情感交流失败、沟通被拒绝的经历。这些人的内心想要靠近他人，最终表现出来的行为却属于逃避的关系模式。

我们假设，有些孩子想要在母亲面前表现出自己很勤奋的样子，所以把母亲叫醒，然后对她说：“妈妈，我今天6点就起床了。”母亲在还没睡醒的状态下睁开眼睛说：“你今天为什么这么早就起床，打扰妈妈睡觉，赶快回去睡觉！”

如果母亲总是用这种方式对待孩子，孩子会怎么做呢？

害怕靠近的逃避型人格

期待被肯定或被赞美的孩子，在被拒绝后会感到很受挫，如果没有从妈妈那里得到情绪上的安抚，孩子就会持续体验到受挫的感觉。孩子为了与父母建立关系，会依照父母的响应模式建立依附形态。就如同为了与听觉障碍的人生活而去学习手语一样，为了与逃避型人格的父母一起生活，孩子也只能开启逃避模式。

逃避型人格的父母在孩子忽视与逃避自己的情感时会感到舒适。相反，如果孩子想要说出自己的感受，或者孩子希望父母了解自己的心情时，逃避型人格的父母就会感到不愉快，甚至会发火。反复体验到父母因自己提出需求而生气，孩子就会习惯于用逃避与拒绝的方式处理问题。这是“无论如何都要配合照顾并养育自己的父母，自己才能在这个世界上存活”的内在信念所致。

这些孩子在成年之后也这样生活的话，他们会幸福吗？不会幸福的。人类固有的“真实自我”是通过互相交流、彼此回应而感到幸福。这里所谓的真实自我，是过自己想要的人生、尊重自己，同时也能与整体融合协调在一起的自我。

逃避型人格的人偶尔也会萌生“靠近对方”的想法，但身体已经熟悉了逃避模式，所以最终会自动地与他人渐行渐远。换句话说，就算他们内心想要靠近他人，但在心里会对自己说“我为什么要先主动靠近对方呢？反正关系又不会变得更好”或者“如果我主动靠近对方却被拒绝了怎么办呢？等对方主动靠近我才安全”。因此，逃避型人格的人不会先主动靠近对方。

结果，拥有逃避型人格的人会受困于内心的寂寞与空虚，并在与他人的关系中感到不舒服。

深植于内心的逃避模式

这类人的内心深植着“不能接受他人是一个重要个体”的逃避型内在运作模式，因此他们常常会感受到仅通过这种逃避的方式与他人建立关系的悲伤。

逃避型人格的人会想，“这些人又能给我什么帮助呢？”“那些人又怎么会懂我的心情呢？”他们并不知道被理解或者被安慰是一种什么样的感觉，甚至会因为无法接受他人的同理心而表现出拒绝或忽视的态度。

在咨询的过程中，我也常常遇见这种类型的人。

40 多岁的哲浩先生因为财产问题而离婚了。

某次在倾听哲浩先生描述事情的过程中，我说：“你的心里应该觉得很难过吧。”这时哲浩先生竟然说：“没什么关系，人生不就是这样吗？”

哲浩先生忽视了我表达出的同理心，来找我咨询是因为他感觉自己的内心十分痛苦，但他没有办法接受我表达出的对他的理解。

没有被化解的“讨厌”情感

还有另一种无法先靠近他人的原因：这个人的内心有一种没有被化解的“讨厌”的情感。

如前文所述，孩子会通过第一个依附对象，即从逃避型父母那里反复体验到被拒绝后的挫败感，进而在没有选择的情况下成长为逃避型的人。在这个过程中，孩子对于拒绝自己的父母，产生了厌恶感。

但一般来说，人们无法对自己的第一个依附对象，也就是父母亲表现出厌恶。因此人们会将这份情感融入日常生活，并默默地发散到周围人身上。即，与其将愤怒明显地表现出来，不如对周围的人采取若即若离的态度或者不主动靠近的方式表达愤怒。

萦绕其内心深处的讨厌父母的情感，让他们选择拒绝他人，也觉得他人一定会讨厌并拒绝自己。越是他们不想承认的感受，越会强烈地投射在他人身上，讨厌的情感也是如此。这类情感被放大化后，他们就会出现“恐人症”的症状。

恐人症，是一个人因为觉得自己会遭受批判与攻击而恐惧的表现。这不是针对他人攻击自己时所呈现的自然反应，而是内心强烈的攻击性与讨厌父母的情感，在与他人交流时以不自然的方式呈现出来的外在表现。

到底要怎么克服恐人症呢？

只要能真实地爱自己并包容自己，就可以将自己从会被攻击的恐惧中释放出来。每个人都有属于自己的一扇窗，让你去看外面的世界。如果用“对方一定会拒绝我”的想法去与他人交往，那么“我”就真的会被拒绝；如果在与对方交往时认为“对方会接受我”，对方也许反而会愿意靠近并接受“我”。

你现在是否认为对方会拒绝自己呢？你是不是可以先靠近对方一点呢？让我们带着这种想法往正确的方向前进，推开自己内心的那扇窗。

先靠近，再改变

先靠近对方毕竟不是一件容易的事情。想要推开内心的那扇窗，即想要打破已形成的内在行为模式，是需要勇气且充满挑战的。就好像要放下一直以来奉行的生存战略，前往从来没去过的丛林探险一样，必须直接面对并忍受令自己感到恐惧、陌生的事。

对于逃避型的人来说，与他人变得亲近，是最为陌生并会令他们感到恐惧的事。但是，如果他们能接受这种痛苦又不安的感觉，既有的内在行为模式才会以渐进的方式开始转变。

孤身一人走在一条陌生又可怖的道路上，是一件非常困难的事情，所以我们需要在咨询师或治疗师的陪伴下一起走，找到面对恐惧的勇气与力量。

遮蔽与掩饰——探索羞愧感背后的秘密

容易害羞的人，在日常生活中总是显得很消极，且在面对一些事情时容易退缩。人到底为什么会感到害羞呢？

《圣经》里记载了关于人类“太初”的内容。《圣经》上说，亚当吃下夏娃给的能分辨善恶的果实后双眼发亮，因看见了自己裸露的身体而感到害羞，所以用无花果树叶遮住了身体。在做错事或者行为脱离正轨时，人们会做出与亚当类似的行为，即在觉得事情做得不对的瞬间感到羞愧，并想要遮盖犯错的自己。如果一个人在做错事时只想着如何掩饰自己的行为、遇事就退缩，那么最终他将变成一个“容易害羞的人”。

但害羞不全是坏事。害羞能帮助我们实现自我监督，不做让自己感到羞耻的行为，也可以促使我们培养出符合社会生活特点的社会性。

但是，当害羞超过了一定的程度，既会让人每时每刻都对“表现自己”感到痛苦，也会让自己变得不容易适应社会生活。这意味着，这个人在内心深处隐藏着负面认知，即觉得自己活得很羞耻。

无意识的羞愧

羞愧指一个人对自己的过失感到羞耻。换句话说，容易害羞的人也可能最容易感觉羞愧。羞愧感大多是由环境导致的，但也有一些人出生时就具有强烈的羞愧感。举例来说，盼望生男孩的家庭中诞生了一个女孩，成年人会表现出失望的情绪。这时女孩会因为自己的性别，在无意识中将羞愧的感觉埋在内心。

父母觉得孩子不会察觉到自己的失望，但事实并非如此。孩子会通过父母脸上的表情与说话时的语气，理解他们的心情。解读出的信息会在孩子的大脑里留下印记，虽然在意识层面上孩子不会记得这些信息，但会在无意识层面将“没有被验证过的理解”深植。这种羞愧的情感经过长时间的发展，成为一股难以控制的庞大力量。

我们假设，一个人从出生开始，或者从很小的时候开始，就经常被他人拒绝。当这个人出现在人多的地方时，其脸部表情就会变得僵化，或身体会变僵硬。因为他对自己的存在感到不安，所以会有一种想要躲起来或直接消失的冲动。

这个人并不是对自己的行为感到失望而愧疚。根本原因在于，他的过失，让他认为自己是存在不足的个体。

引起羞愧的教养方式

有些父母会以引起羞愧的方式教养孩子，他们认为这么做是在培养孩子，使其具有社会性。这些父母通常会对孩子说：“如果你想得到所有的东西，你的朋友一定会觉得你是一个贪心鬼。所以不要让自己变成贪心鬼，这是令人羞愧的行为。”事实上，以这种方式教养孩子，不仅无法使孩子具有社会性，反而会让孩子在进入社会之后，产生强烈的羞愧感。

孩子总是很自然地渴望得到一些东西。但是，如果让这份渴望掺杂上羞愧的情感，且不满足孩子的这种基本的渴望，当孩子长大后面对自己想要的东西或表达自己的愿望时，他会因害羞而说不出口，甚至在被关心或被赞美时，他也会因为感到害羞而退缩。

在孩子小时候，如果父母因为孩子的一个无心行为而皱眉或责骂他，孩子会感到羞愧，认为一定是自己哪里做错了。举个例子，在孩子想要将手指插进电源插座孔的瞬间，大部分的父母会先被吓一跳，然后马上大喊：“不行！”

站在父母的立场上，这是他们为了保护孩子在无意识中讲出的话，但是站在孩子的立场上，这些话有可能会使孩子感到羞愧。如果父母对孩子在无意间做出的每一个动作，都表现出超乎寻常的不耐烦并责骂孩子，孩子就会因为自己的行为而感到羞愧，会觉得自己是为他人带来困扰的人。

除了以上事例中出现的情况之外，还有其他引发孩子强烈羞愧感的话语。

- “你知道妈妈怀了你之后多么辛苦吗？”
- “自从你出生之后，我们家就开始衰败了。”
- “如果当初不是因为怀了你，我早就跟你爸爸分手了。”

将自己做出决定与选择的依据归咎于孩子的父母，有较大的概率也会将造成自己的不幸与悲剧生活的原因归咎于孩子。

孩子以这种直接的方式得知自己的存在造成了父母的不幸，同时也会在感受家庭氛围的过程中理解这件事情。这时孩子就会因为极度羞愧而出现一些极端反应，比如，出现“我是不该存在的人”的想法，并开始持续否定自己存在的价值。一旦情况恶化，孩子就会认为“我做的事全部都没有好结果”，有这种想法的孩子会认为，自己对他人来说是祸害。

当孩子萌生了这种念头之后，置身于任何事情中时他都会感到羞愧，也不会再主动去做些什么。因为孩子觉得既然自己做什么都会失败，干脆就什么都不做，躺在床上偷懒才是最安全的。其实，在这类人的内心深处隐藏着羞愧感，在那份羞愧感的背后，充满了对自己的轻蔑与嘲笑。

鼓励和苛责的天平

孩子明明没有犯错，可是父母单方面的生气与表现出的不耐烦，却让孩子感到受伤。我总是十分心疼处于这种状况的孩子。当丈夫有外遇或酗酒时，有些母亲会无缘无故地讨厌长得像爸爸的孩子。这种母亲甚至会说，自己不愿意看到丈夫的脸。虽然孩子没有做错任何事情，但是看着生气的母亲，他就会因为自己是父亲的孩子而感到愧疚。

有些父母平时很疼孩子，但只要孩子的行为有一点不符合他们的标准，就会过度苛责孩子。孩子无法理解为什么父母的态度会在一瞬间改变，所以与其反省自己的行为，不如直接否定自己。

父母在养育孩子的过程中，没有充分给予孩子尊重或包容，孩子就会萌生羞愧感。不单是在父母养育孩子的过程中会出现这种情况，学校里，在孩子与老师的关系中也会出现这种情况。

在小学语文课上，有些人因为念错字而被老师责备。长大成人之后，这些人也无法在人多的地方好好表现自己，因为他们害怕自己犯错或者被他人纠正。

念错字并不是非常严重的问题，我们可以鼓励孩子，给孩子勇气让他好好理解文字。但是，某些老师在处理这件事时，只是一味地责备孩子、让孩子难堪，仿佛孩子犯下了弥天大错，这种老师身为教育者的能力是不足的。

监护人仅需“辅助自我”

在成年人的眼里，孩子身上总是有许多不足，做事情常常达不到他们的标准，但这才是孩子本来的面貌。有时候，孩子在某些方面可能会落后于其他孩子，或者看起来存在不足，即使如此，父母也不应责备孩子，或者让孩子难堪。

孩子的父母或监护人，包括其他的成年人，不是为了要责备孩子或削弱孩子的气焰而存在的，而是为了帮助孩子，替他们弥补不足。

在心理学的用语中，监护人的工作是“辅助自我”。母亲扮演的是辅助孩子的角色，而不是主要自我的角色。当孩子能够以主要个体扮演着主导角色时，辅助者只需要帮孩子弥补不足之处。但是，有不少应该扮演辅助角色的辅助者，想要引导孩子前进。这种情况下，孩子无法经历正常的成长过程，就会出现心理障碍。

如果孩子不知道怎么做，监护人只需要温和地告诉他们大致的思路。当孩子犯错时，监护人只需要耐心地帮助孩子学会弥补过失；当孩子因为无法完成某件事情而挣扎时，监护人只需要给予孩子可以继续做下去的勇气；当孩子跌倒了无法立刻站起来时，监护人只需要握住孩子的手给他肯定，并等待孩子自己站起来；如果孩子即将面对新的挑战，监护人只需要用心督促并鼓励孩子积极面对，就像小鸟第一次飞离鸟巢时，鸟妈妈在后面轻轻地一推那样。

让人感到遗憾的是，比起扮演辅助者的角色，很多父母更想要扮演主要自我的角色。而被父母剥夺了主要自我角色的孩子，会陷入羞愧与无力感中。被剥夺主要自我角色给孩子带来的屈辱感，会以羞愧的感觉存在于孩子内心，而羞愧感则会以害羞这个行为表现出来。最后的结果就是，孩子可能会没有自信或无法自信地做出主张，甚至很难表达出自己的想法。

带刺的批判引发的双向痛苦

有些人会毫无顾忌地说一些难听的话。这些人带着偏见对他人做出判断之后，形成具有攻击性的批判态度，说出不堪入耳的话。

有些人对任何事情都持批判态度，待在这种人身边，我们会觉得很辛苦。然而，最辛苦的肯定是那些以批判为己任的人。这些人总是会找出他人的弱点，再对他人做出负面评判，无论如何都要削弱对方的气场，让对方感到自卑，但这么做也不会让这些批判他人的人感到宽心。

与其责备，不如倾听

批判他人是一件非常痛苦的事情。人不能评断他人的存在价值，因为大家都平等地生存在地球上。然而，总有一些人沉迷于批判他人，将自己放在至高无上的位置，确信自己的想法是绝对的真理。这种人会依照自己的主观标准，将他人分为善与恶两类。

人在心态平稳的时候能清楚地感觉到幸福与平安。如果人主动将自己摆在至高无上的位置，就会认为自己可以随心所欲、无所不能。但在现实生活中，不是所有人都能心想事成，因为令人感到挫败的事情随时都可能在每个人的生活中发生，人们常对自己的人生感到痛苦。

批判他人有另一个令人感到痛苦的方面。那就是“我批判他人，那他人也会批判我”的想法让“我”无法跟任何人建立亲密关系。“我”批判他人的行为投射到他人身上，“我”认为他人也会批判“我”，因此“我”对他人总是怀有戒心，并将所有人都当成假想敌。

我们明明知道批判他人是不好的行为，却无法停止对他人的批判与评断，这到底是为什么呢？

批判与责备他人的人，也会在内心责备自己。用批判的眼光看待他人的人，也会用同样批判的眼光看待自己，并对自己感到不耐烦。自己的内心有多纠结，他眼中看到的外在世界就会有多扭曲。这种人总是觉得世界不放过自己，让自己痛苦，因此将责难的箭矢转向他人。“真的搞不懂为什么要这样”“跟他在一起就觉得烦”“跟他在一起就会倒霉”——这些人会毫不犹豫地说出这种话来，将使自己倍感纠结的原因归咎于他人，并认为自己的想法是绝对的真理，如果他人跟自己的意见不一致，就会觉得他人是错误的。

一些人通过批判他人来隐藏自己。这种人会通过不断地批判与苛责他人来减少心中苛责自己的声音。为了隐藏自己的不足之处，他们选择过度包装自我、强烈地苛责他人。

为了不去批判他人，请试着让你心中批判自己与苛责自己的声音停下来。想要停止批判行为，就必须以客观的角度去审视“想要进行批判”的想法。唯有如此你才能明白到底怎样做才能让自己停下来。

“我的内心到底有哪些声音？”“是什么让我不停地苛责自己？”静下心来倾听自己内心的声音，在心情无缘无故变差或者在自己感到忧郁时，你就可以这样问自己，好好地听一下内心的“我”想要对自己说的话。屏蔽外部嘈杂的声音，凝神静气地倾听自己的内心，你就可以听见苛责自己的声音。

“你为什么只能做到这样”“又犯错了，真的是无可救药”“你应该可以表现得更好啊”——任谁听见像这样压迫感十足的苛责自己的话，都会感到痛苦，所以才会想要通过批判他人、批判外在环境向他人施压，让批判自己的声音沉寂。

内心那些批判的声音，其实是你从小就常常听到的。父母直接的或者暗示性的口气与态度，会转化成信息住进孩子的心里。如果是正面的内容就会变成正面的信息，如果大多为苛责与批判，就会转换成负面的信息。

问题在于，负面信息会常驻孩子的内心。这类孩子长大之后，就会用负面观感不断地批判自己，也会用批判的角度审视他人，感受到想要对他人进行批判的强烈冲动。

33 岁的勇在先生，在抑郁症与无力感的折磨之下选择来到诊疗室。

勇在先生对所有的事情都感到不满，也没有任何人能让他满意。“明明我选择的是自己喜欢的工作，却有太多让我感到不喜欢的地方。

为什么人生如此没有意义、如此无趣，不知道为什么我对每件事情都有非常多的负面想法。”

积累正面的情感记忆

当勇在先生说出他的童年经历后，我才得知，他有一个凡事都要厉声干涉、十分唠叨且热衷于对事物及人进行批判的母亲。勇在先生说:“母亲不只对我这样，她对周围所有人都如此。”因此，勇在先生养成了用负面角度看待他人，并批判自己的习惯。

勇在先生选择缓和心情，好好聆听内心深处苛责自己的声音，然后消除这些声音。接着，勇在先生对他人与世界的负面看法也开始改变了。他开始拥有更多正面的想法，最终将自己从抑郁症与无力感中解放出来。

幼儿时期经历的事情是决定人生方向的最大基石。人类刚诞生时，大脑中主管意识的上脑部还不够发达，仅具备下脑部的功能，即出生之时仅具有维持生命体征的功能。大脑的边缘系统（limbic system），主管与感受、情感相关的领域。

幼儿通过五感（视觉、触觉、味觉、嗅觉、听觉），逐步开始往前迈进、探索世界。幼儿通过“直觉”这种“后设认知”[①]元素，

---

① 后设认知（metacognition），约翰·弗拉维尔（John Flavell）在 1967 年首先使用了这个名词。后设认知指的是人可以对自己经历过的记忆、感知等，进行监控管理与应用。后设认知发展完全的人，通常在学习上会取得很好的成绩。

将自己目前所受到的待遇、处于什么样的状态等经验储存于神经系统。为了不忘记自己从感官世界中获取的经验，幼儿将这些记忆储存起来，将来以这些经验作为依据，做出防御和应对未来情况的判断与决定。这种储存经验的行为被称为“维持人生的自动装备”。

在幼儿期储存下来的情感记忆，如果大多数偏向正面，人就会以正面态度看待自己，也会以同样眼光看待他人与世界。相反，如果在幼儿时期储存的负面内容比较多，人的心里会产生障碍，会将人生的本质看成负面的、被批判的。在幼儿期有较多负面经验的人，长大后不论如何对他强调“你是珍贵的、有价值的人”，他都不能接受。他反而会觉得：“对方想要利用我，所以他正在对我说谎。”然后将你的发言转换成负面的批评。

一个人如果在幼儿期就累积了很多不好的经验，将来就会倾向以负面态度为基准对外界进行判断。之后，不管这个人在外部经历了多么美好的事情，大脑在分析并处理这些事情的过程中，都会将其变质成不好的经历。

如果一个人在“怎么种就怎么收”的绝对法则下生活着，苛责与批判的种子被埋在脑子里，那么这个人不单会批判自己，也会批判他人。更进一步地说，人会害怕被自己批判的人攻击自己，如果对方真的反击了，这个人会从此陷入被对方苛责与攻击的恶性循环。

别让多疑成为你与多彩世界间的屏障

不断怀疑每件事情的人，他的心情又是怎样的呢？他总是无法相信别人说的话。无论在哪里都无法获得安全感，内心会有多难过！那么，人为什么会产生怀疑呢？

身处不安全的环境中，人们心里就会产生怀疑。怀疑使人们处于“不会被攻击吧”或者“会不会受伤”的不安与恐惧中，人们扮演着保护自己的秘密情报员的角色。

当相信某个人时，我们会用“没有可怀疑之处”来表达。相反，当对一个人无法产生信任时，我们会为了了解对方的内心而不断地探索。为了防患于未然,更好地应对不知何时会发生的危险，人会为了探索他人的内心而不断努力。也就是说，多疑的人的心里有一种“这个人可能会对我不利”的“自我信念”。

以爱为眼看世界

26 岁的贞永小姐来到了诊疗室。

“我每次交男朋友时，都会怀疑对方是否真心，我总会认为‘这个男人一定不是真心爱我’‘没有任何人真心喜欢我，这个男人也会在某一天为了别的女人而离开我’。”

如果怀有“别人不喜欢我”的信念，那么就算他人对我们表现出亲切并给予我们关爱，我们还是会不断地怀疑他人是否出自真心。如果我们不仅在异性关系中存有疑心，在整个人生中都不断怀疑的话，就有必要“回”到小时候查找原因。我们现在拥有的信念或对人生的态度，都是在幼时的环境中形成的。依据小时候得到的经验，我们自觉将“情报”聚集起来。未来的人生该怎么过、如何跟他人建立关系等，都需要通过这些经验建构起属于我们自己的内心世界的地图。

如果一个人能够信任他人并觉得环境很安全，意味着这个人在幼时累积了充足的信任经验。相反，一个人无法信任他人又多疑的话，就表示这个人小时候经历了很多让他充满怀疑的事情。持续暴露在被攻击（或者被虐待）的环境中，就会累积“不知何时在某处会受到攻击”的情感经验。即使已经长大成人，这类人还是会认为世界上充满了会攻击自己的敌人，拥有充满怀疑与批判的人生。

结论就是，如果一个人很多疑，那么说明他在小时候没能拥有安全的环境。这里的环境指父母之间以及孩子与父母之间形成的养育环境。如果缺乏“父母会支持并信任自己”的经验，孩子就不能信任世界与他人。

偶尔会听到有人说，这个世界固然肮脏、令人讨厌，但他从母亲那里得到了很多爱。这其实是错觉，因为我们看世界的态度与自己对母亲的感觉是一致的，对母亲的记忆如果是正面的，看世界的态度就不可能是负面的。这就是为什么说养育者的温和态度与稳定情绪对养育孩子来说很重要。

“依附障碍”产生的恶性循环

从小就经常被责骂的孩子，不明白其他人为什么开心，也没办法明白其他人到底想要什么。因为他们很少有“父母因自己而感到开心”的体验，只知道父母为什么生气，所以无从知晓自己到底应该怎么做才能让他人开心。

人总会依照自己熟悉的方式生活。如果对一个人来说，最熟悉的生活方式是建立负面关系，那么，他们宁愿把自己拉到充满折磨与质疑的关系里，也不愿意与其他人建立可以信任的关系，我们称这种状况为“依附障碍”。如果经常被父母责骂，孩子不仅无法信任自己，也会掉入无法信任他人的恶性循环里。

表现出“依附障碍”的人的心里会先浮现“我的想法对吗”“这种行为好吗”“这个人说的是真的吗”等想法，当对自己的想法与行为没有信心的时候，他们就会用怀疑的眼光去审视所有与自己作对的人。更有甚者会觉得这是一个无法预测的恐怖世界，因此会带着负面态度来判断所有事情。

引发偏执症的原因

过度怀疑发展成病症，就是偏执症。疑妻症与疑夫症[1]就是最具代表性的疑心病。我在帮助夫妻进行治疗时，常遇到患有疑夫症的妻子。

患有疑夫症的女性会通过揣测各种事情拼凑线索，并确信丈夫的所作所为是因为去见了另一个女人或为了见另一个女人。如果丈夫加班到很晚才回来，她就会和丈夫争吵："你去见了别的女人吧？我都知道。"丈夫跟他人约时间办事或打电话，她也认为这是丈夫为了与其他女人见面找的借口。甚至当丈夫拉开家里的窗帘时，妻子也会怀疑丈夫是为了要看别的女人才拉开窗帘。电话铃声响起后又立刻停止，她也会认为这是丈夫跟其他女人的约会暗号。生活在这种充满怀疑与压迫的气氛中，夫妻俩的每一天都仿佛活在地狱里。

产生类似于疑妻症或疑夫症的偏执症状的核心原因就是不信任对方和内心的不安感。根据温尼科特所言，这种感受是在母亲给孩子喂奶时产生的。

婴儿在吸奶时会感到兴奋，或者有想要攻击妈妈的冲动，偶

---

① 疑妻症与疑夫症，这个词汇在韩国经常使用。

尔会有咬母亲乳头的行为。在这种情况下，有的母亲会将孩子暂时带离，过一会儿再给孩子继续喂奶。但是也有母亲选择打孩子，边打孩子的屁股边说："让你也感受一下妈妈有多痛！"

在孩子长大的过程中，每当孩子对母亲做出拉头发、扯手臂或咬肩膀的行为时，有些母亲会毫不犹豫地打孩子，或者采取以牙还牙的方式——咬孩子的手臂。

孩子会怎么理解这种情况呢？站在孩子的立场思考，你会发现孩子认为自己被报复了，这种被报复的感受会在孩子的内心产生不信任感与不安全感。

母亲的反应越激烈，孩子就越会经常打或咬母亲，因为他不知道母亲会在什么时候、用什么方式再对自己进行报复，孩子内心的不安与恐惧也会剧增。长期处于这种情绪的孩子长大之后，也会不断地怀疑世界，因为他们被禁锢在会遭到外部攻击和报复的想法中。

摆脱依赖，调节亲密关系中的吸引力

有一种人在自己独处时会感到格外辛苦，一直想要依存于（依赖）他人。这种人选择通过“接受”的行为来维系人际关系，与知道“哭泣可以得到帮助”的孩子并没有太大差异。

拥有依存型人格的人经常感受到过多苦恼，并想要将这些感受告诉其他人，希望唤起他人想要照顾自己的欲望。另一方面，他们也想将自己的困境转嫁给他人。

这种类型的人常常会重复说着同样的话，就像口头禅一样——“我一个人做不到”“我一个人待着时感觉就像在地狱里”“我寂寞得快疯掉了”“我独自一个人会感到害怕，这很恐怖”“我没有办法自己做决定”“所以你要为我去做这件事情”“我绝对需要你”，等等。就好像孩子任性时大吵大闹一样，他们也需要某个人不停地安慰自己。

依存是想拥有主导权的欲望

所谓的依存，无异于将自己的灵魂交付给他人，即将自己的人生主导权与决定权让渡给他人。然而事情到这里并没有结束，而是发生了进一步的演变。这类人想要依照自己的意思去控制自己让渡了主导权的人。也就是说，依存指“想要将他人的主导权占为己有的欲望”。

这种类型的人竭尽所能地想知道依存对象在做什么、在想什么、以后想做什么。对方是自己托付灵魂的对象，他们每时每刻都想了解对方的内心世界，想要依照自己的标准去控制对方的言语和行为。

起初，对方会因为受到关心而感激他们，但很快对方就会发觉自己的领域被他们侵犯了，所以会想要和他们保持距离。对方越是想要保持距离，他们就越会为了不被遗弃而变得更加执着，依存的倾向变得更加强烈。

遗弃与脆弱

为什么会产生依存倾向？是因为拥有依存型人格的人，内心里有着“我被遗弃了”的信念。为了不再被遗弃，这种人会过于在意他人的需求，并想要配合对方。判断依存是否为病态的依据为“被遗弃”给人内心带来的创伤有多大。

总体来看，依存现象更容易出现在女性群体中。拥有依存型人格的女性在分手之后，会有纠缠对方的倾向，为了维系与对方的关系付出很多，这一切都是为了留住对方。

20 多岁的柔莹小姐来到了诊疗室。

“与男朋友分手之后，我就饱受重度抑郁症的折磨。我的父亲是酒精上瘾症患者，他每天都会对母亲施以暴力与辱骂。”柔莹小姐说，“某一天，在阻止父亲对母亲施暴时，我也被父亲打了。”不久后，男朋友向柔莹小姐提出分手，这对她而言无疑是雪上加霜。家里的情况使柔莹小姐感到非常痛苦，她迫切地需要男朋友的安慰，男朋友却在这时候向她提出分手，这让柔莹小姐遭受了很大的打击。

柔莹小姐并不希望彼此发展到分手的地步，她在内心很脆弱的状态下，接受了男朋友提出的要求，满足了对方的性需求。柔莹小姐不知道自己究竟在做什么，为什么要与一个想要跟自己分手的人发生性关系，这种耻辱的感觉涌上心头，让她感觉自己快要崩溃了。

柔莹小姐在诊疗的过程中，曾有这样一段独白。

“因为害怕对方离开我，所以我在这段感情中总是战战兢兢的。没有他，我就会因为寂寞而痛苦；他在我身边，我又会因为害怕他离开而感到不安，我简直快要疯了。

“如果他打电话或发短信给我，我就会立刻回复他，因为我一直在想着他。如果我先给他发短信，却没有在一分钟内收到他的回复，我的心脏就会开始狂跳。我会怀疑这个男人是否已经厌倦我了，并且迫切地想要确认他的想法。

“如果对方对待我并不像我对他那样好，我就会认为对方不爱我了，并感觉自己快疯了。这个时候，我也会默默地做好即将被遗弃的心理准备。”

确信“我会不幸”，会让自己变得不幸

拥有依存型人格的人坚信自己一定会被他人遗弃。这种认为自己一定会被遗弃的想法，使这种人想要一直依存于对方，他们被“对他好我就不会被遗弃”的想法套牢，把自己的一切都献给对方，甚至愿意为对方牺牲自我。

同时，如果对方回报他们的程度，和他们付出的程度不成正比，这种人就会感到不安。心里越是不安，他们就越会为了不要被遗弃而执着于依赖对方。

但是，对方并不能理解他们的这份心意与努力，反而因为感受到压力而想与其保持距离。这种状况持续一段时间后，他们最终还是会被对方遗弃。

因为害怕对方会离开自己而感到不安，直到对方最后真的离开了，拥有依存型人格的人就会想：“我的想法果然没错。”这样的想法使他们内心的不安合理化了。同时，他们又会因为觉得自己是“只能被遗弃的、没有价值”的人，被寂寞与痛苦折磨。

很快，为了摆脱内心的寂寞和痛苦，拥有依存型人格的人又开始寻找另一个可依存的对象。如果是女性，就会去寻找爱自己的男性。在开始交往后，她的内心就会蠢蠢欲动、充满不安，如

同陷入恶性循环一般，不幸福的关系又会重现。

无法脱离恶性循环的原因在于，拥有依存型人格的人小时候曾反复经历与下文类似的情况。当经历的情况超过一定限度，就会患上关系上瘾症。

有关系上瘾症的人，大多都有小时候被遗弃的经历：在小时候，因为家人生病或父母外出工作、离婚、分居等，他们必须长时间非自愿与父母分离；或者，即使他们一直与家人在一起，但体验过“情绪上的被遗弃”，也会引发关系上瘾症。

“情绪上的被遗弃”是指，当父母无法给予孩子情绪上的包容时，孩子就会产生自己被拒绝、被遗弃的感受。比如，当跟父母有冲突时，若努力化解冲突的是孩子而父母无动于衷，或是一向温柔的母亲瞬间变得冷漠——这些情景下，孩子都会感到自己被遗弃了。

这种孩子长大后，在建立人际关系时，会被“自己总有一天可能会被遗弃的不安感”所折磨。察觉到他人可能不喜欢自己时，他们就会变得战战兢兢、害怕被遗弃。为了不被遗弃、为了控制周围的情况，他们会拼命努力；为了不让对方离开或者讨厌自己，他们会更加执着于了解对方。当对一个人的执着与依存到顶点后，他们就会陷入“关系上瘾”的病理状态。

接受不如意，接纳自我

这种战战兢兢的表现，就好像孩子的任性或者哭闹，是他们希望得到更多关心的一种策略。这种在无意识中形成某种模式的策略，以最夸张的方式将“难过”表达出来，他们以此得到自己想要的照顾与安慰,这也是“操纵与控制的心理作用”带来的结果。

但越是重复这种使自己得到照顾与安慰的行为，他们内心的无力感就会越大，寂寞与空虚的感觉也会更强烈。拥有依存型人格的人不仅认为“我”是一个无法独立存在、没有能力的个体，同时也意识到对方是不能被“我”左右的个体。

这种依存倾向强的人，内心深处有着难以承受的痛苦，它源自“我一定会被遗弃”的信念带来的无价值感与无力感。这种痛苦，不会因为“我”依存在某人身上而消除。相反，“我”依存于对方的程度越深，对方无法被“我”左右的挫折感就会越强。

因此，我们要领悟一件事：世界上没有任何人可以完全如我们所愿行事，依赖他人不能填补我们内心的匮乏。这个世界，终究不会围绕我们的意志运转。

照顾内心深处的“不完美”小孩

一些人之所以经常因为小事而感到受伤，是因为没把自己当成重要的人。如果这类人认识到自己是重要的人，就不会因为小事而轻易消沉，也不会因为小事而感到生气或受伤。

经常感到受伤的人，他们的内心隐藏着“认为自己存在不足、不够好”的退缩心态。“那个人长得比我漂亮……那个人能力比我好……那个人拥有的东西比我多很多……但是，我为什么不是那样的人呢？”如果一个人的心中充满这些自卑意识，在面对小事时就会反应过度。

“现实的我”与“内心的我”

人都会在内心建构出一个完美的、有着绝对能力的自我意象。问题在于，人们内心的自我意象与现实中的“我”区别很大。现实中的“我”会因为内心完美的自我意象而自卑。自卑感达到一定强度，现实中的“我”就会希望人们以对待神的态度对待“我”，并且认为这是内心世界完美又有能力的自我意象应有的待遇。

但现实是怎样的呢？任何人都无法获得符合自我意象的待遇。有些人会因此感觉自己被冷落了，进而感到受伤、受挫。

仁石先生每周都会参加“治疗聚会”。走进聚会场所的时候，仁石先生希望参加聚会的20个人都欢迎他的到来。事与愿违，没有人欢迎他，甚至没有人注意到他的到来。仁石先生认为人们不喜欢他，所以不太愿意参加聚会。

大家为什么没有注意到仁石先生的到来呢？仁石先生踏进聚会现场时，也许某个人正伤心地低下头或正在跟其他人说话，所以没注意到他的到来、没给出积极的反应，这并不代表参加聚会的人讨厌或拒绝他的到来。但是，仁石先生却认为自己不是一个受欢迎的人，并感到很受伤。

伟大的自我意象

为什么会发生这种情况呢？因为仁石先生误以为自己内心“完美的自我意象”是现实中自己原本的样貌。内心“完美的自我意象”希望所有人都将“我”看成是完美的存在。“总统到来时所有人都起立欢迎”，“完美的自我意象”也期望得到这样的待遇。

仁石先生究竟是如何将“完美的自我意象”埋在心里的？依据海因茨·柯胡特所言，**自我越脆弱，内心的不安与恐惧就越大，人为了保护自己，就会构建出完美的自我意象**。柯胡特将我们内心完美的自我意象命名为“夸大炫耀型自我”。

任何人在意识到自己的脆弱时，都会出现“我可能会被攻击”的想法。这时，成年人会通过“过度包装”来保护自己，类似于河豚在遇到危险时将身体膨胀起来。

孩子也一样。当认识到自己是什么都不能做的无力个体时，为了保护自己、使自己不再感到害怕和恐惧，孩子便在内心刻画出全知全能的自我意象。

一个人拥有完美的自我意象，好似皇帝需要百姓一般，随时都需要他人响应自己。即，拥有伟大的自我意象的人需要被他人不断地称颂、热烈地响应。这就是为什么这样的人会非常在意他人对自己的响应与评价，却无法意识到自己是有价值的、重要的个体。如果没有感受到他人积极的回应，那么他们对自己的认知就不积极，如此一来，他们就很难认为自己很有价值。在得到他人的认同与尊重时，他们才能认为自己是有价值的、重要的人。

父母在一个人的生命中扮演着重要的角色，是给予我们尊重与认同的第一个对象。对幼儿来说，父母扮演着自体客体①的角色。幼儿或孩子只有在父母温暖的照顾下，才会确信自己是重要的、珍贵的个体。这里所谓的照顾，不只是身体上的关怀，还有通过认同、体贴、赞美等方式，使孩子拥有被尊重的经历。有了被照

---

① 自体（self）指我们自身当下的主体感受。客体指他人。自体客体（self-object）则指用来满足自体自恋需求的供养者。在孩童时代，通常是父母扮演着这个角色。

顾的经历，他们才能放下全知全能的完美自我意象。相反，如果缺乏被自己认同与尊重的对象给予的温暖经验，他们就会成长为“过度依存于对方，并容易感到受伤”的人。

过度依存于对方的人，抱有“对方什么都要听我的、什么都要按照我的意思去做”的信念。这种人不认为对方是拥有既有人格（情感与想法）的个体。过度依存的人会将对方当作可以投射并响应自我意象的“空壳”，而不是与对方彼此体谅，以温暖的态度尊重彼此。

在幼儿期，人正处于以自我为中心进行思考的阶段，比任何时期都更需要得到他人充足的认可与支持，如此孩子才能发展出健康的心理，为后面的成长做好准备。但是，如果孩子长期处于被忽视的位置上，长大后他会无法摆脱以自我为中心的思考方式。

父母的过度保护也会使孩子受困于以上的问题。在成长过程中无法体验到适度的挫折，孩子长大后也会认为他人是要依照自己的意志去行动的个体。但在现实生活中，他人的行动通常不会如自己所愿，所以“我”当然会容易感到受伤。

容易因小事感到受伤，或许也意味着，类似的事情曾经很频繁地发生。如前文举例，仁石先生在参加聚会时，出席聚会的人没能对他的到来表现出期待，他便感到受挫，并陷入“我没有价值”的负面情绪。接着，仁石先生会因为害怕承认自己内心的这种想法，向他人表达自己的愤怒。

或许，仁石先生曾经长时间暴露在“他人不欢迎我”的环境中。

以前的经历使他直到现在，在面对他人无心的反应时，仍感觉自己被拒绝，并感到很受伤。

当因为小事感到受伤时，请你先不要认为是自己不好，要想“我以前或许受过类似的伤”，然后安慰一下自己。

古人说：“一朝被蛇咬，十年怕井绳。”如果一个人在内心反复“咀嚼”负面的经验，那么他会对类似的小事反应过度并感到很痛苦。例如，一些退伍军人会在听到汽车喇叭的声音时迅速趴在地上，摆出射击的姿势。这就是所谓的“创伤后应激障碍”（PTSD）。

你很重要，也很值得

不认为自己是重要个体时，最辛苦的还是自己。这种人容易感到羞愧，觉得自己不完美或在性方面是无能的。除此之外，即便周围发生了美好的事情，他们也会因为自己内心的自卑与嫉妒，变得更落寞，并且出现“我要破坏这一切”的冲动。看到被称为“国民妹妹”的女性运动员或女性艺人交了男朋友的新闻时，有些男性会在网络上留下充满攻击性的言论。这种行为大多源于个人内心的低自尊感。因为自己无法与这种优秀的女性交往，这些男性的心情会跌入谷底。

自我感觉优越的人表现得如何呢？这种人会觉得自己是一个伟大的个体，并想要炫耀这份伟大。自卑的人会希望被他人看成一个伟大的个体，而有优越感的人会直接强迫他人认同自己的伟大。他们认为自己是不可能受伤的完美个体，会轻蔑他人或贬低他人。

表面上看，有优越感的人是独立的个体。实际上，这种人执着于获得他人琐碎的反应，过度依存于外部对象的颂扬与赞美。在这一点上，内心有优越感的人与有自卑感的人没有区别。

综上所述，容易因小事感到受伤的人，他们内心用来安定自己情绪与维持健康状态的“自我凝聚力”疲乏了，导致他们在懦弱的自我与脆弱的凝聚力的双重影响下，过度依存于他人，过分在意他人细微的反应。

自然流露，识破嫉妒的“罪恶假象”

有句话叫：“吃不到葡萄说葡萄酸。”

这句话诠释了当人们看见别人得到了自己得不到的东西时，那份嫉妒的心情。相较于西方世界宽容地接纳嫉妒，受到儒家文化影响的东方文化对待嫉妒有些不同，在中国古代，嫉妒归为“七去”[①]之一。因此，大多数韩国人都认为嫉妒是不好的事情。

其实，“禁止嫉妒”不值得倡导。因为嫉妒是一种自然的内心情感，如果不能宽容地接纳它，那么每当人们因为小事开始嫉妒他人时，就会被罪恶感折磨。罪恶感也可能会发展成强烈且具有破坏力的情感。

化嫉妒为力量

嫉妒是一个人在羡慕他人得到自己没有的东西时表现出的心理。但是，当对他人的嫉妒超过一个限度后，就会从羡慕他人变

① “七去”指古代夫妻离婚的依据，包括：不顺父母去，无子去，淫去，妒去，有恶疾去，多言去，窃盗去。

成憎恨他人。憎恨会使人产生迫害被嫉妒的人甚至想要除去对方的想法。

有些人甚至会用实际行动来表达憎恨。例如，他们会离间自己嫉妒的对象，在这些人之间引起冲突；或者传递错误的信息，让他们嫉妒的人被误会；有时还会陷害他人，甚至做出类似于杀人的极端行为。过分嫉妒是一种具有庞大破坏力的情感。假设同辈人功成名就，并向他人炫耀，他们心里会想："希望他彻底失败。"这是本能的嫉妒所致。

本能的嫉妒起始于家族成员为了霸占父母的爱所展开的生存竞争，所以也可以将嫉妒看成是出于生存本能的情感。对刚出生的婴儿来说，母亲的保护与爱是非常重要的。在这种必须得到爱的时候，出现任何干扰，都会被当作对自己生命的危害，所以婴儿会出于本能展开斗争。

在成长过程中，如果能从父母那里得到信任与安定感，孩子内心的嫉妒感就会减弱。如果父母无法包容有嫉妒心的孩子，反而责骂或催促其做出改变，孩子的嫉妒会表现得更为激烈。

当有弟弟或妹妹时，孩子会感受到强大的压力。为了霸占父母的爱与关心，孩子正式展开生存竞争。孩子会在妈妈面前努力表现，并且想出让作为竞争对象的兄弟姐妹被妈妈冷落的策略。孩子会为了得到更多的爱，或者为了不被剥夺已有的爱而努力着，但是如果妈妈总是批评他，事情会演变成什么样呢？当愤怒的情绪涌上心头时，他会有一瞬间想要除掉自己的兄弟姐妹吗？

温尼科特觉得这种现象是极为正常的，是每个孩子都可能会有的反应。如果孩子能以合适的方式处理并驾驭嫉妒，那么嫉妒就会转变为与他人进行健康竞争的动力，这个时期也会成为孩子人生发展的好阶段。换句话说，如果孩子的嫉妒心能被父母宽容地接纳，并将其引向成熟，那么嫉妒会成为孩子人生前进的动力。

问题在于若孩子压抑嫉妒直至其内心变得扭曲时会出现的负面现象：嫉妒心演变成迫害他人的想法与行为，让自己与他人都变得痛苦。

驾驭嫉妒，而不是让嫉妒控制你

我们到底要怎么做才能接纳孩子的嫉妒心，并将其引向成熟呢？

让孩子认为自己是能得到充分爱与关怀的个体。必须让孩子相信“不需要过度的努力，我也能得到妈妈和爸爸充足的爱与关心”。即父母需要通过给予孩子持续的关心与爱，让他认同并确信自己是值得被爱的个体，这时其内心的嫉妒就会减弱，自尊感就会增强。自尊感增强了，孩子也能更珍惜自己、爱自己，自然没有理由嫉妒他人了。同时，孩子也可以享受到与他人展开健康竞争的快乐。

如果在孩子容易产生嫉妒的年纪，父母无法给予他充足的关心与爱，反而责备孩子或将孩子与他人做比较，孩子的嫉妒心就会变强。不只是孩子，成年人遇到同样的情况也一样，当他认为自己应该得到的关注与认可，例如职位与年薪，都被他人抢走的时候，他的内心会产生无比强烈的嫉妒。不断增强的嫉妒心会让他有憎恨或想要除掉对方的心情，同时也会因为这份“憎恨”而感到罪恶、羞愧与无力。

弗洛伊德提出，嫉妒是从俄狄浦斯（Oedipus）时期（3—5 岁）开始的。当孩子想要摆脱父母中同性的一方，并霸占父母中异性的一方时，他的内心会产生嫉妒。如果是男孩，他就会为了霸占妈妈的爱而排斥爸爸，甚至会有想要杀害爸爸的念头。想要杀害爸爸的念头越强，他内心的罪恶感也就越重。如果自我批判的声音变大，自尊感自然会降低。

往深处探索，我们会发现生活中存在着比预想中还要多的嫉妒关系。例如，婆婆嫉妒儿媳妇、妈妈嫉妒女儿，或者爸爸嫉妒儿子。

某位女咨询者因为觉得儿子被年轻的儿媳妇抢走了而感到嫉妒。她无法接受嫉妒着儿媳妇的自己，更无法接受这种羞愧的感觉，所以她不会承认自己在嫉妒儿媳妇，却会以各种荒唐的借口刺激她，例如，用“怎么连小菜的味道都调不好”“家里怎么那么乱”“你的家教不好”等言语去挑剔、伤害儿媳妇，甚至会对儿子说儿媳妇的坏话。其实，她的这些言语与行为，皆因嫉妒而起。

当妻子特别疼爱儿子时，爸爸会因为嫉妒儿子而特别严格地管教他。爸爸甚至无法察觉到自己在嫉妒儿子，但是在他内心深处有想告诉妻子的话，即“这孩子不是那么值得被疼爱的，也给我一些爱与关心吧”。同样的，妻子也会因为爸爸对女儿的爱而感到嫉妒。

在“父母”这个特殊的人群中，大家都有嫉妒心，只是程度不同而已。情绪状态健康的父母即使有嫉妒的感觉，也能有效控制内心的嫉妒感。心理素质较强大、有自我凝聚力的父母，会察觉到自己正在嫉妒，并懂得自我调节。

情绪状态不健康的父母，无论用什么行为呈现他们的嫉妒心，终究都会表面化。他们会批评、贬低自己嫉妒的孩子，或用责骂的方式对孩子进行情绪虐待。

与其消灭嫉妒，不如从嫉妒中解脱

嫉妒源于幼儿的生存本能。在幼儿期缺乏爱的人，长大后内心会认为自己是不足的、有缺陷的人，嫉妒感也会更强烈。如果你觉得自己是嫉妒心过强的人，那你必须回想一下小时候的生活，重新思考一下，当时自己与父母的关系是什么样的，或是当时与兄弟姐妹的竞争有多激烈。

当一个人发自内心地确信自己是值得拥有美好事物的个体时，嫉妒就不会滋长。虽然“我”现在没能拥有美好的事物，但总有一天可以拥有；即使“我”永远都无法拥有美好的事物，但当“我”因为“我”而感到满足时，就不会因为嫉妒而感到痛苦。

Part / 3

爱是渴望，更是认同

从小没能得到父母的爱的人，对于爱有更强烈的渴望，于是他试图寻找一个人来填补内心的空虚。然而，内心的创伤与匮乏，使他无法建立起健康的两性关系。拥有爱情，不是为了获取自己未曾得到的东西，而是建立一段在自我认同之下、彼此扶持的关系。试着走进自己的内心世界，找到执着于某件事的根源，理解之后，我们才能从过度执着中解脱。

“舒适圈”内虚假的安定感

人来到这个世界时，内心就会产生生命可能受到威胁的恐惧。而安全的环境能够确保人们的生命不会或较少受到威胁，这是人们希望环境安定的原因。人能够拥有的最大的安全感，就是爱带来的感受。若一个人能确认自己是被爱的，其内心来自可能会被攻击的不安与恐惧会慢慢消融，内心的安定感则会相应提升。

为了寻找安全感而四处徘徊

在极度不安与害怕的情况下，有人会选择喝酒等方式麻痹自己，试图借此获得被爱包围的安全感。虽然酒精等物质会给人带来短暂的舒适感与安全感，但待到人清醒后，人的心情会瞬间跌至谷底，陷入痛苦与受威胁的感觉中。这就是为什么长时间吸毒的人，不仅不会有安定感，反而会陷入恐怖的偏执状态。

吸毒成瘾的人在毒瘾发作时不吸毒，就感觉自己好像快死了，并认为他人会伤害自己，或者内心的“被害妄想”不断涌现，例如，妻子明明什么事也没做，却怀疑她有外遇；身体出现切实的疼痛等。吸毒只能提供短暂的安全感，并最终会将吸毒者推入自我毁灭的恐惧中。

在人际关系中获得的安全感与舒适感会为我们带来幸福感与满足感。当我们在这个世界上遇到困难时，安全感与舒适感能给予我们勇往直前的力量。

根据约翰·鲍比的依附理论，爱与安全感并没有太大的区别。面对陌生的对象、环境或未知的世界，人会产生好奇心与想要挑战未知的欲望。同时，又因为人内心充满了对未知的恐惧，安全感被破坏，这些欲望也会转为负面因素。

例如，人们对 UFO（未知飞行物体）表现出强烈的好奇心，也拍摄了很多以 UFO 为题材的电影。但电影里的 UFO 多被刻画成侵略地球的恐怖形象。由此可见，我们人类的好奇心多半伴随着对未知的恐惧。

熟悉与舒适的陷阱

如今，大家随时都可以出国，每年选择出国旅行或留学的人不在少数。但在一百年前，选择去国外需要有非常大的勇气，在国外生活也是一个很大的挑战，之所以会这样是因为人会对未知的环境感到恐惧。

陌生人也会使我们感到恐惧。我们在意识层面上，会认为陌生人和大家一样都是人类；但在无意识层面上，内心却充满了对陌生的恐惧。相反，经常遇见的人，如在小区里常碰面的人，就会给我们带来熟悉与舒适的感觉。这也是我们更倾向于对常见面的人敞开心扉的原因。

我们每次都愿意与相同的人往来，也是基于相似的原因。我们会对经常见面的人感到更熟悉，与他们相处起来更自在，在面对他们时，我们心中没有陌生与害怕的感觉。

这种情况反复发生，我们就会在内心构建起“见到熟悉的人时会感到舒适”的结构。因此，如果遇见符合这个内心结构的人，我们就会感到安全，戒备心也随之消失。同时，存在于“我”与对方的心理或身体之间的界限也会变模糊。

以性侵或性骚扰的案件为例，我们会发现，有很多加害者其实是受害者的熟人或邻居，还可能是认识的大叔、哥哥、朋友，或者是朋友的朋友、邻居，或者是关系较近的亲戚等。在见到这类熟识的人时，这些咨询者会感到很舒适，防御感减弱，才会不慎受到伤害。

无法敞开心扉的人

什么样的人会使我们愿意敞开心扉呢？我们曾基于“与父母建立关系的经验”构建了内心结构，如果那些人刚好符合这个结构，我们就会自然而然地敞开心扉。无论与父母的关系是好还是坏，我们都已经习惯了这份关系，所以会在类似的关系中感到安全与熟悉。

酒精成瘾的爸爸每天喝醉酒回到家后，就会欺负妈妈与孩子。孩子会想尽办法躲避爸爸的虐打，例如，他会假装睡着，竭尽所能地降低自己的存在感。此外，为了保护妈妈，有些孩子会采取顺应爸爸的脾气、积极协调矛盾的方式来防御。

当这种情况一再发生，孩子熟悉了这种模式后，他会无意识地将这种情况的内心结构深深埋在心底。用“迅速睡着”的方式来隐藏自己以避开爸爸的人，会经常感到不安与恐惧。起初，他这样做时会感到很厌烦、很痛苦，但最终会因为习惯了那种感觉而感到安心。这种内心结构带来了一种奇怪的现象，面对带给自己不安与恐惧的人，他反而会感到熟悉，会更想要接近这种人。虽然他知道这不正常，然而，接近带给自己痛苦的人却又使他感受到幸福与安心。这种感觉就像穿上不合身的衣服之后的那种尴尬与不舒适。类似的事情反复发生，他只会距离幸福越来越远，内心的不安感只会变得更强烈。

艾瑞克·伯尔尼[①]称这种现象为扭曲的感觉（Racket feeling）。扭曲的感觉是指想要通过一生的时间，反复体会小时候感受过的负面感觉的倾向。

缅甸有一个少数民族叫巴瑶族（Bajau）。这些巴瑶人已经适应了海上生活，当他们回到陆地上生活反而会头晕。已经适应了大海波动的巴瑶人很难在陆地上保持平衡。

---

① 艾瑞克·伯尔尼（Eric Berne），美国心理学家，独创交往分析治疗体系。他提出人们会依照自己幼时的生活经验，形成一种“生活脚本”（life script），即使幼年充满痛苦与挫败，长大后仍会不断重复。其治疗方式为以人际互动为基础的心理治疗，在了解分析当事人的自我心理状态后，帮助其认识现实，去除幼稚冲动，学习成熟适应，最后重建自我永续的健康人生。

现实生活中也常发生类似的事情。很多女生明明讨厌爸爸，但结婚后会惊讶地发现，她的丈夫其实与自己的爸爸很像。这是因为丈夫是她熟悉的类型。

意识层面感到讨厌并抗拒，但她的身体会对熟悉的事物做出反应，使她误以为自己喜欢对方并被吸引。结果，这些女生选择了一个和自己的爸爸很像、让自己感到不安与痛苦的丈夫。

曾经在爸爸与妈妈之间评判正误并偏袒处于弱势的妈妈的孩子，在长大后也会出现“对处于弱势的人感到熟悉，并容易被其吸引”的倾向。他在嘴上说着“不知道要帮到什么时候”“真的好累，真的是受够了”，却无法改变被柔弱的人吸引的关系模式，因为他已经熟悉了那种关系模式，并很自然地被这种人吸引。

负面关系与无意识的熟悉感

为什么你总是遇到相同类型的人？为什么你明明感到受够了对方却无法离开呢？简而言之，一切都是无意识的熟悉感所导致的。

观察人们选择配偶的过程，我们经常能发现，男性会选择跟自己的母亲很像的配偶，女性会选择跟自己的父亲很像的配偶。有些人会非常自信地说:“我绝对没有和像爸爸（像妈妈）的人结婚。”但从心理学角度看，想要遇到跟父母完全不同的人是不可能的。

由此可见，人在小时候跟父母的关系质量很重要。小时候和父母建立了什么样的关系、在什么样的环境中长大，对一个人未来会同什么样的人结婚，并与那个人建立什么样的家庭影响很大。

如果你为自己总是遇到同样的人感到烦恼，就要观察自己对什么样的人感到熟悉与舒适，也许你会发现是内心的创伤与匮乏在作祟，使你总是遇到同样类型的人。

你也可以检查一下，这种舒适感是往正面的方向运作，还是往负面的方向运作。如果是正向运作，那这个人就是辅助你成长的个体；如果是负向运作，那这个人会让你无法摆脱不安的情绪，成为束缚你的存在。

识破“男人不坏，女人不爱”的骗局

一个人会被坏男人吸引，也是对坏男人感到熟悉与舒适的心理结构导致的。

持续被坏男人吸引，意味着这个人曾在与父母相处中反复经历过不好的事情。从父母处持续得到不好的体验后，遇到对自己好的人，他会莫名地感到反感与不适，会产生“这个人为什么对我好”“这个人一定有其他目的”“不坦率、很虚伪，我觉得很有负担”等想法，让自己变得很难接受对方。明明对方没有说出让他感到不舒适的话，也没有做出让他感到冒犯的行为，但他就是想躲开对方。

在爱情中彼此体谅与尊重

有些女性看到以自我为中心、只坚持自己想法的男人时，会觉得他很帅气，认为他很有魄力、很果断，并对他产生好感。有魄力又有活力，正是坏男人普遍呈现的面貌。刚开始见面时，女性或许会因对方“很有男子汉气概”而被吸引，但随着交往时间的增长，就越感觉自己不被尊重与不被体谅。

在交往过程中，坏男人认为自己是绝对正确的一方，会彻底否定对方的意见。受吸引的女性即使感受到了极大的压力，但她还是无法离开这个男性。就算这次离开了，她也会再一次遇到类似的男性。

会被坏男人吸引的女性具有强烈的“同伴依存”倾向。同伴依存倾向指有过于被动或者过度照顾人的行为或倾向。这种人太专注于对方的需求，总是将他人的需求放在先于自己的需求的位置。依存于对方的程度越深或者自我的力量越弱的女性，表现出的同伴依存倾向就会越明显。

同伴依存倾向强的女性确信自己可以用忍耐与爱去改变坏男人，会想要努力帮助那些忽视她或者伤害她的男性做出改变。想要通过改变坏男人的成就感来挽回自尊，这种女性在无意识中希望通过这样的行为让自己变得更特别。

这种女性选择与坏男人交往并忍耐其不好的地方，从某种程度上看是为他人做出牺牲，事实上，是在炫耀自己的优越感与特别。对这种女性而言，男性就像一盏灯，照亮了忍耐男性并做出牺牲的她。

还有一种类型的人会与坏男人交往——自我虐待型。这种人在生理上和心理上都会被虐待自己的对象所吸引，并不是因为自己真心爱着对方，而是为了利用这个外部对象虐待自己。

有同伴依存倾向的人或有自我虐待倾向的人，为什么不能爱自己，反而要虐待自己呢？同有自我虐待倾向的人谈话，我发现他们中的大多数人在小时候都有过类似的经历。

“因为我不听话，所以父母将我的头发剪掉、衣服剥光后赶到门外，这让我感到极度的羞愧与屈辱。”这种经常暴露在恐怖环境中的孩子，会在无意识中将这些经历自然地内化，不仅不会远离羞愧与屈辱，反而会因为熟悉这种感觉而感到舒适。长大之后，他们对待自己的方式也十分苛刻，他们会被对自己苛刻的人吸引，误以为虐待自己才是爱。

理所当然地接受男人会“做坏事”

听着“这都是为了你好”长大的、将虐待合理化的孩子，他们长大后也没有办法拥有真诚对待、爱惜、尊重自己的对象。即使遇到了，他们也会以苛刻的态度逼迫对方认同“干涉或者侵犯自己才是正确的”。如果对方并不认可这种想法，他们就会开始唠叨或者找茬说对方不关心自己。直到对方开始骂人或生气了，他们才会停止唠叨。

在感受到内心的痛苦并被处罚的情况下，自我虐待型的人才会感到舒适。但是，他们也会因为意识到自己的生活方式可能是错误的而产生罪恶感，无意识地让自己陷入困境中。

自我虐待倾向越强烈的女性，遇见坏男人的概率就越大。这样的女性认为自己有错且理所当然应受处罚，倾向于寻找会处罚并虐待自己的坏男人；或是在坏男人的身上看到了自己父母的影子，想要从类似的人身上体验小时候没能从父母身上得到的爱，所以会无意识地被这种人吸引。

在小时候不曾得到父母的爱与尊重的女性，长大后有很大的概率会被与父母相似的男人吸引，产生“坏男人可以给我想要的爱”的错觉。就算他对自己不好，也会自我合理化：至少这个人很温柔、很善良。

幼年时期没能得到父母的爱的人更渴望得到爱，渴望从与父母类似的对象处得到爱的补偿。这种人会希望通过结婚让对象替父母补偿他们，弥补这份缺失的爱。

例如，“对方现在对我不好，我希望结婚之后他会有所改变”。结婚后，对方还是没有改变，他又认为有了孩子之后对方会变好。有了孩子之后对方也没有变好，他又认为等对方年纪大一点就会变好。用这种方式欺骗自己，他又持续地对没有改变的对象感到失望，就这样度过了数十年的婚姻生活。对方不能给予他所期望的爱，不能补偿他未曾得到的父母的爱。对方只会用自己的方式爱他，但对方不是他的父亲或母亲。

如同小时候渴望得到父母的爱但受挫一样，这类人长大后也会因选择的对象而受伤。虽然渴望着爱，但他们依旧没能得到爱，所以最后剩下的只是虚无与孤独。

吸引力是自我破坏的甜蜜冲动

这种无法放弃对爱的渴望的冲动，被罗纳德·费尔贝恩称为分裂防御。分裂防御指将坏男人的行为与自己承受的痛苦分开，并将两件事情迅速遗忘的行为。用通俗一点的例子来说，就是人在摸到烫的锅盖被吓一跳后，又再一次摸锅盖。

反复触摸烫的东西，被烫的部位会留下伤口。这些人从坏男人那里得到的伤口与痛苦不会消失，只会越来越深，然后被深深地刻在无意识处。由于内心的创伤加深，这些人对于他人与世界的不信任感也会越来越强烈。

拥有反抗父母的心态的人也会被坏男人吸引。在家风非常保守与严格的环境下长大的女性，没有反抗过他人，一直忍耐并压抑着自己的情感，顺着父母的指示与要求生活着。当遇见外表粗犷且自由奔放的男人时，她就会从这个男人身上感受到强烈的吸引力并决定与这个男人结婚。表面上，这种女性一直乖巧、顺从父母，但在选择结婚对象时，一直以来被压抑的反抗心态冲破桎梏，打破了父母希望孩子遇见好男人的期待。

此时，旁人的劝说不再起作用。结婚，不是因为遇见真爱，而是为了反抗专制的父母。出于内心的反抗而做的决定，最终一定会使自己后悔，因为这不是基于成熟的自我判断所下的决定。

这里所谓的“吸引力”是不具有健康意义的情感，是打着“爱”的幌子却伤害自己的甜蜜冲动。若她将这股甜蜜冲动误以为是爱，就会陷入伤害自己的痛苦深渊。

因此，在被某人吸引时，必须观察自己的内在世界，找出是什么催生了这股吸引力。你需要明白这种吸引力究竟是基于反抗的冲动，还是有可能发展成真爱的冲动。

爱情不是治愈一切的灵丹妙药

得到安全感的欲望

“容易陷入爱情”可以视为一种想要得到安全感的欲望。当无意识感受到“担心会被攻击、被遗弃”的不安时，人们会试图通过拥有爱情来快速得到安全感。

能独处，会独处

温尼科特将“可以自己独处的能力”看成测量人情绪是否成熟的最重要的标准。**能够独处，就表示独自一人时也不会觉得寂寞**。能够独处的人，在情绪上是成熟的人。

那相反的情况呢？**当认为自己无法保护自己，认为自己没用、没有价值时，一些人通常采用依存于某个人的方式来消解这种不安与寂寞**。这种人只有在被爱的时候，才会感受到自己是重要、安全且幸福的。因此，无论是谁，只要给予他们一点亲切感或向他们表示关心，他们就很容易对其敞开心扉。就像一个又饿又冷的人，很难拒绝给他食物与衣服的陌生人。对于一个始终需要他人关怀的人来说，即使是小小的关心，也足以令其动心。

小时候没有得到充分的支持与爱，精神感到匮乏与空虚的人，会焦急地持续渴望他人给予他关心和爱。当这样的人感到自己缺乏爱情的滋养时，只要有人表现得稍微亲切一点，他的整颗心都会被融化，并轻易地陷入爱情中。

容易陷入爱情的人没有健康的心理界限。拥有健康的界限，意味着能够与他人保持适当的距离。这里指的距离，是存在于朋友、情侣与夫妻之间的，包含物理层面与心理层面的距离。例如，两个异性之间，如果是朋友关系，身体间的距离应该保持在 0.6 米以上；如果是情侣关系，身体的距离会更近。心理的距离也是如此。情侣之间分享信息的领域会比朋友间更广一点，朋友之间探问彼此的私生活是失礼的行为，但情侣之间不关心彼此的私生活才是奇怪的事情。

保留“爱的界限”

健康关系，从划定适当的界限开始。一个人容易陷入爱情，就表示他的心理界限能够被轻易地清除。这样的人不懂得先站在界限外，经过充足的观察与考虑过后，再慢慢靠近彼此，而是将心理与生理上的界限一次性清除。

如果一个人轻易地毁掉界限，其自我的个性与领域也会有被侵犯的风险。心理界限被破坏后，心理基石可能会变脆弱，便容易受到他人的影响。最后，这个人有较大的概率建立起从属于对方的关系，而不是对等的亲密关系。

体验健康的界限是从家庭关系开始的。如果一个人在家庭关系中不能体验到健康的界限，那么他在长大后会被冲动的情感席卷或经常做出危险的决定。

例如，有同事提议："我们两人单独去酒店开个会吧。"一般人会认为这不是普通同事之间应该有的提议，然后拒绝对方。但如果是界限感弱的人，不会怀疑，而是跟着同事进入酒店，然后可能会被性侵。界限感弱的人很大可能不会拒绝对方的要求或积极地抗拒暴力。

界限感弱的人容易情绪不稳定。情绪起伏大，意味着守护自己的内在力量不足，所以其心情容易受到周围环境的影响而出现变化。

假设有人在街上发生争执，情绪起伏较大的人可能会因为过度害怕而逃跑，或者忽然引发内心的冲动，加入争执。此外，因为这些人容易受到外界的影响，仅一天时间，他们就会在开心与愤怒之间反复摇摆数次。

一个人长大后无法找到内在重心，是因为他小时候在家庭环境中存在界限感弱的问题。父母没有好好照顾孩子，反而将父母的角色推给孩子，这就是不能从家庭环境中充分体验到合适界限的代表性例子。如果父母在性方面给予孩子诱惑或刺激，且父母情绪起伏大又善变，或是有放任孩子不管的情况发生，这些孩子通常无法弄清楚什么是"界限"。

健康的爱从家庭开始

在家庭中扮演合适的角色，也是体验适当的界限感的方式。那么，如果孩子被要求扮演父母的角色会发生什么呢？

母亲（父亲）会对孩子说：“因为没有爸爸（妈妈），所以儿子（女儿），你要扮演爸爸（妈妈）的角色。”

这样会给孩子带来心理压力，孩子无法了解到“什么是适当的界限”。

在母亲角色缺失的家庭中，爸爸会让女儿洗衣服或准备餐点，要求女儿在生活中扮演配偶的角色，这种情况被称为“情感越界”。虽然孩子没有被要求发生性关系，但是在情绪上已经受到同样程度的侵犯。

妈妈将自己的痛苦倾诉给孩子，孩子想要努力安慰妈妈或认为自己要对家庭负起责任，这也属于父母打破了子女的领域、侵犯孩子的情况。

如果父母侵犯孩子领域的情况反复出现，孩子就无法在自己与他人之间建立适当的界限。这种孩子成年后往往无法拒绝他人的请求，甚至会认同经常侵犯他人界限的人。

在性界限模糊的家庭环境中长大的女性，长大后会难以在人际关系中确定适当的界限。假设父亲对女儿有过度的身体接触，或父亲有淫乱的想法，女儿长大后会非常容易陷入充满性刺激与性暴力的环境中。即使不是直接的身体接触，而是看到了父母正发生性关系或者听到诱惑性的话语，这时，理当被保护的界限就被侵犯了，且孩子今后可能会被坏人利用，沦为性需求的牺牲品。

在交往与独处之间找平衡

反复经历这些事情的女性，在长大后很难与男性建立界限或与男性之间的界限很模糊，所以容易陷入爱河或过着混乱的性生活。

孩子是跟着父母学习生存方法的。如果没能从父母处得到适当的关心与爱，或无法体验到适当的界限感、不被尊重，这些孩子长大后也会过上与童年无异的生活。

无法建立起明确的界限来保护自己的人，会依随当时内心的冲动与情绪的起伏来行动。

国家之间有界限，那就是国界。如果领土间的界限不明确，容易形成彼此侵犯的局面，会破坏和平。因此国际法中有关于国界的内容，当国家之间发生侵略行为时，就会以国际法为规范。

不只是国家之间有界限，我们作为独立的个体也必须依循时间与场合，与他人保持适当的界限。适当的界限会使人保持生活的平衡、维持内心的平静。而界限被破坏的人会轻易向他人敞开心扉，破坏了自己人生的平衡。

与他人分享爱，无疑是件美好的事情，但容易陷入爱情的人也容易受到伤害。让我们谨记，独处时也能过得很好的人，才能拥有健康的爱。

化疲劳危机为重新出发的契机

有些人无论做什么事都容易感到厌倦，也容易失去兴趣。容易感到厌倦的原因是什么呢？当无法克服做事情带来的辛苦时，人就容易感到厌倦。

无论是谁，在工作中都可能遇到困难或坠入低谷。有些人可以运用智慧渡过危机，并让危机变成再一次起飞的契机。

相反，也有人很容易就放弃。当出现“我无法克服危机”的想法时，这些人就会对这件事失去兴趣，选择放弃。也就是说，这些人在无法获得自己想要的结果时，就会选择放弃。

但是，这些人又不想承认是自己选择了放弃，所以用“我容易感到厌倦”来掩盖这一事实，试图自我合理化。换句话说，他们用“腻了”“倦了”这种话，来合理化自己没能坚持到最后的自责，并逃避承担失败的责任。

容易感到厌倦，不仅是指人对做某件事失去兴趣，还意味着没有办法将事情做好的不安取代了能坚持到最后的信心，导致这个人无法撑到最后，在中途就选择了放弃。选择中途放弃，就没有必要再去看最终成果，也不需要确认自己是存在不足的人。这样，这个人的自尊就不会受到伤害。

生活没有“绝对完美”

20多岁的知延小姐，因为对游戏上瘾而来到诊疗室。

她虽然有聪明的头脑，但不想用功学习，所以大学取得的学分少得可怜。强烈的挫败感使她沉溺于游戏，后来被父母带到诊疗室来。

知延小姐说：“我在读书时很快就会感到厌倦，之所以放弃读书、沉溺于游戏，也是出于这个原因。”

在咨询的过程中，我发现知延小姐心里藏着“我明明认真读书了，却没有取得好成绩，我该怎么办”的不安。知延小姐希望自己表现得完美，却又怀着担心无法如愿的不安，因此，她用对读书感到厌倦的借口逃避到游戏世界里去。

容易感到厌倦的情况来自想完美地完成事情的心情。这类人认为自己无法做得完美就是失败者，所以他们会用容易感到厌倦为借口半途而废。

对任何事都容易感到厌倦的人，心底藏着在某些方面“绝对不会收手”的执着。以赌博上瘾的人为例，这些人在做其他事情时容易感到厌倦，但赌博时却不会。表面上看，也许是因为赌博很“有趣”，实际上却有其他原因。

用“有趣”来形容赌博是不合适的，因为赌博是一件非常“辛苦”且“困难”的事情。赌博上瘾的人经常连续好几个晚上通宵，执着于取胜。他们的身体会累垮，且可能会输钱，也常陷入巨大的绝望与无法自拔的愧疚感中。

总之，与其说这些人是因为觉得“有趣”而赌博，不如说是在无意识中倾向于将自己持续暴露在痛苦中。

成就感与期待是消除疲劳的原动力

不久前来到诊疗室的正宇先生，已经超过 30 岁了。

他仍然无法从大学毕业，更没有找到工作，整天把自己关在房间里。正宇先生经历了几次休学又复学，直到现在也没能进入职场工作。正宇先生说：“就算我努力了，又有什么意义呢？”当时，他对万事都提不起兴趣。

在正宇先生小时候，妈妈会干涉他的每一件事情，所以他几乎没有依靠自己的努力完成过任何事情。妈妈干涉过的事，如果结果是好的，她就会说：“看，听妈妈的话没错吧！”然后夺走他的成果。相反，如果事情的结果不好，妈妈就会怪罪正宇先生：“就是因为你没有听我的话才会变成这样。”

假设，孩子在考试中取得好成绩，归功于依照妈妈的话去做了，成绩不好不仅要被骂，还要被责怪不听妈妈的话。长久采用这样的教育方式，孩子就会觉得不论自己是否努力，结果都没有差别。因此他会感到无力，做任何事情都提不起劲。

被父母剥夺了成就感的孩子，不仅连努力取得成就的经验都无法拥有，甚至会无法办成一件事。孩子付出努力去完成一件事，无论是否成功父母都会抢走其中的闪光点，孩子会认为努力完成一件事对自己没有好处。反复经历这种事情的孩子长大了也不会为了完成某件事情而持续努力。

无论做什么事情，人总会有感到辛苦的时候。之所以能够熬过这段辛苦的时光，是因为我们抱有日后总会成功的积极想法与期待。但是，如果自己通过努力取得的成果总是被他人夺走，人就不再愿意努力地完成一件事，或者不再为完成一件事坚持到底。

在成长的过程中，如果不曾得到父母的称赞与认同，孩子就不会为了实现自己的目的而努力。这时候，孩子就会以“容易感到厌倦”来实现自我合理化，并以此为借口，放弃正在进行的事情。

当然，有人认为只要我们努力去做就够了，并非一定要得到别人的认同。但是，人人都有想要被认同的欲望。那些很少被他人认同的人会为了得到他人的认同不惜一切代价。也就是说，是否具有被认同的经历，会对我们能否取得成就或实现目标产生重大影响。

被认同的情绪经验

当认同并关注自己的人去世了或者离开了，我们再也无法同对方分享美好事物，又会作何感想呢？我们会认为自己付出的努力都只是在做无用功，任何一种回报都是没有意义的。为了能从正面感受到物质上的富足感，我们也必须学会感受情绪上的富足感。

情绪上的富足感是指，在得到他人认同与尊重时获得的情绪体验。孩子想要从父母那里得到称赞与认同，也是为了能获得情绪上的富足感。

海因茨·柯胡特指出，“理想化的行为”是想要感受到情绪上的富足而做出的努力。“理想化”是指，孩子认为自己的父母是无所不知、无所不晓的人。

依照柯胡特所言，起初，幼儿拥有全能感，觉得自己什么都可以做到。随着时间的流逝，孩子逐渐发现自己在失去了他人的帮助后很多事都无法完成，随后产生生命安全受到威胁的无力感。所以，孩子会认为保护自己、帮助自己的父母无所不能，将父母理想化为全知全能的人。

这样的父母如果能无条件地保护孩子、愿意站在孩子这边，孩子的心里该有多踏实！如果他们能毫不吝啬地认同、称赞孩子，那简直太好了。孩子会认为，和这样的父母在一起，刀山火海也不能阻挡他的脚步！他能够完成所有的事情。

在将父母理想化的过程中，孩子会很自然地模仿父母的行为、学习他们为人处世的态度。在青少年时期，孩子会将曾经认为父母无所不知、无所不能的感觉转移到自己身上，将其变形成新的东西并内化，成为认可自己价值的原动力。

原动力就是所谓的自信。自信的人做事会富有激情、绝不轻言放弃，充分发挥自己的个人价值，能够专注于完成某一件事并坚持到底，直到获得成功。

如果你在完成事情时，有容易感到厌倦的习惯与倾向，就必须想一想，你是否充分地尊重了自己的努力，努力的成果是否被别人夺走。如果是，你需要将努力的成果归还给自己，这样才能拥有坚持到底的勇气。

扫清“脱单”路上的心理障碍

当发现有很多人从未谈过恋爱时，我感到很意外。有些人频繁地更换伴侣，但也有些人一次恋爱都没谈过，这种人也被称为“母胎 solo（单身)”。

这些人也许会认为外貌条件影响恋爱关系。但在与许多人沟通之后，我发现，恋爱关系中真正重要的是心理层面的部分。

自我至上与负面记忆的壁垒

无法谈恋爱的人常陷在自己的世界里，所以无法站在对方的立场思考问题。他们可能会想:“我这样做对方应该会感到开心吧。”其实，这只是站在个人的立场去思考与判断，并没有仔细思考对方究竟喜欢什么。他们并不关心对方在想什么，不去思考自己说什么、做什么能让对方感到舒适。这都是以自我为中心、认为自己的想法与判断最重要导致的。

只谈论自己感兴趣的话题的人，谁与他相处都不会感到很开心。这种人不懂得倾听对方感兴趣的事情，他们会以分享双方都感兴趣的事物为借口，很自然地延续话题，谈论自己感兴趣的事情。最后，他们又意识到对方可能不想听自己说话，会因感觉自己“被拒绝”而产生更大的挫败感。

比起努力改变自己，他们更希望对方可以为了配合“我”而努力。无法恋爱的人在人际关系中会思考“为什么不爱我”“为什么不先跟我讲话”，他们会希望对方先靠近自己。就像母亲在安抚或哄孩子时，孩子希望母亲先靠近并期待她来配合自己。

但是，在任何关系中，都不可能只有一方去配合另一方。小时候没能从妈妈那里得到充足的爱与关心，这些遗憾是无法从恋爱对象那里得到弥补的。即使能被弥补，这种爱也不会长久。因为，爱情不是一个人单方面的付出，而是两个人共同经营的美好旅途。

通过观察无法恋爱的人的内心世界，我发现，他们的内心深处有着讨厌甚至厌恶异性的情绪。在意识层面上，他们希望与异性交往，但在发展为情侣关系后，又会感到不安与恐惧。这是因为，在他们的意识层面上存在着“异性不好”的感觉，这种感觉要追溯到他们小时候对父母的记忆。

一般而言，每个人第一次相处的异性对象都是父亲或母亲。对于父亲有较多负面记忆的女孩子，面对男性时会有负面的感觉或者会忽视对方；对母亲有较多负面记忆的男孩，也会忽略或讨厌女性。

过去的伤口还在扯你的后腿吗

35 岁的民浩先生，平日里和女性相处得很愉快，但当快与对方发展为情侣的时候，他就不经常跟对方联络，也不接电话了。这种情况反复发生，好几段感情都因此无疾而终。民浩先生说自己接近女性时会感到害怕，这种感觉埋藏在他的内心深处。

这究竟是一种怎样的恐惧，使他不能与女性建立亲密关系呢？

根本原因在于民浩先生从小被母亲过度干涉与控制。在他的脑海里，保留了与母亲有关的不好的记忆，每当他靠近女性的私人世界时，他都会想起妈妈，进而感到害怕。

与异性交往时，彼此问候并分享日常生活是正常的事情。但当民浩先生的女朋友关心他的私生活时，他就会想起曾经干涉自己一举一动的母亲，因此感到十分难受。这种时候，民浩先生会认为女朋友想要控制他，并决定分手。

30 岁的正勋先生认为女性既不关心他也不爱他，他因此讨厌女性。他不仅无法靠近女性，还困在“我为什么不能跟女性交往”的痛苦中无法自拔，正勋先生曾在某一瞬间鼓起勇气想要靠近一个人，但他的身体与心理都无法配合。

正勋先生通过努力练习吉他改变自己，希望讨得女性欢心。在一场聚会上，有位女性对正勋先生表达了好感，他开心得简直快飞上天了。但是，在长达一年的时间里，正勋先生都不知道该怎么回应这位女性或者表达自己的情感。

可想而知，这位女性最终离开了正勋先生，选择与别人交往。正勋先生却认为自己被背叛了，心想："她怎么能背叛我呢？明明说喜欢我，却又跟别的男人交往。"自此，他决定再也不对任何人敞开心扉。

正勋先生很受打击："我想要被爱，所以认真地练了吉他，但很显然，我是个失败的人。"

我看着难过的正勋先生，问他："那么你有对你爱的女性表达过心意吗？"

正勋先生摇摇头："我什么话都说不出口，我认为表达自己的心意会被拒绝，所以我就像个假人模特，一直站在那里，什么也做不了。"

正勋先生无法将心意说出口的主要原因是缺乏自尊与健康的自我意象。

说不出口，对方从何得知你的心意呢？正勋先生从未表达过自己的心意，一直在等待的女性会认为：这个男人不喜欢我吧。因此她才会选择跟别的男人交往。

正勋先生心中"我开口告白一定会被她拒绝"的想法，是扭曲的。他是在幻境中演绎失败，而不是在现实世界中培养爱情。这种扭曲的想法是如何形成的？

正勋先生是看着妈妈忽视并责备爸爸的样子长大的，也经常听到妈妈说自己长得很丑。不仅如此，那些让幼小的正勋先生感到丢脸的事情被妈妈四处讲给邻居与亲戚们听，这让正勋先生觉得很羞愧。

“我长得丑，人们不会喜欢我。”这也是隐藏在正勋先生内心深处的扭曲想法。值得关注的是，在这个案例中，是妈妈将正勋先生当作嘲弄对象，导致正勋先生被“女性会嘲弄我”或者“如果了解了我原来的样子，女性一定会拒绝我”的想法给套牢了。

根据艾瑞克·伯尔尼的“脚本分析原理”，**幼儿时期与父母之间的关系，会决定孩子日后如何生活**。在幼儿时期制作好人生脚本后，孩子一辈子都会依照这个脚本活下去。

“我长得丑，如果人们看到我真实的样子，一定会嘲弄并拒绝我。我绝对不能让他人看见我的内心，也不会靠近对方。”这便是正勋先生人生脚本的一部分。

他在无意识中下定的决心让他在成年后无法正常与女性交往。在意识状态下，正勋先生会说:“无法与女性交往，我真的很难过。”但在无意识状态下他却决定“不靠近女人”，并依照这个决定行动。

面对这种情况，我们一定要接受治疗及他人的帮助。如果不能改变无意识的决定，无论我们做出怎样的努力，也无法与异性谈恋爱。就像正勋先生一样，即使被对方告白，受自己的想法与内心决定的影响，也不会与对方谈恋爱。

无法谈恋爱的人，是因为孩提时代的心结没有解开。讨厌女性，或者希望自己无条件地被接纳，这些心理现象都在缺乏自尊与健康的自我意象时出现。

如果你发现自己无法与异性谈恋爱，你需要找到内心深处的创伤，并关心爱护那些创伤。思考一下，你在恋爱关系中是否只把自己的感觉摆在第一位，而忽略了对方的感受。我们要牢记，完成以上这些过程才能从根本上解决问题，谈一场尊重自己与体贴对方的恋爱。

与汹涌袭来的寂寞感和解

为什么在恋爱中“我”还是会觉得寂寞？当谈恋爱是为了排遣心中的寂寞时，就会出现这种情况。

每个人都会感觉到寂寞，只是在程度上存在差别。实际上，你也可以舒适并愉快地度过独处的时光，因为独处的时间并不等于令人痛苦的时间。

寂寞深渊底部的恋爱执着

当然，也有人独自度过很长时间。表面上看，他们似乎总是独来独往，但实际上，也不算是真正意义上的一个人生活。除非是住在山里，与外界断绝一切来往，否则世界上不存在一个人生活的人。如果他们身边有一个经常联系的人，那就不算是完全被他人孤立的人生。

有些人特别容易感到寂寞，并且无法忍受寂寞。这种人在建立情侣关系或者夫妻关系时，一旦失败，就会觉得自己在这个世界上孤身一人。因为觉得自己是孤孤单单的一个人，所以他们会掉入更深一层的寂寞中，丧失建立幸福与健康关系的机会。

想要在短时间内和某人建立起特殊的关系，反而会让彼此的关系停留在表面；但如果没有和对方建立关系的强烈欲望，也无法建立起有深度的关系。

如果寂寞感汹涌来袭，你想通过谈恋爱来逃避这种感觉，那么你就会在这段感情中过度依赖对方或对他人抱有过大的期待。对方也会感到很大的压力，并开始逃避这段关系。

从这一点来看，恋爱执着与上瘾症状的结构非常类似。情绪忧郁就去商场购物，压力太大就去酒吧喝酒，这些行为在本质上似乎和上瘾症状是一样的，都是希望通过其他的刺激忘掉或逃避负面情绪，但越是这么做，这些负面感觉就越强烈，最后变成无法控制的庞大力量。

因为感到寂寞而谈恋爱，也可以看成是一种上瘾行为。这样的恋爱关系不仅无法消散人心中的寂寞，反而会让人变得更寂寞，对对方的依存转变成了执着，这种执着又会让人丧失自信，产生“对方可能会离开”的不安感。在没有解决寂寞的根本问题时，通过谈恋爱来忘却寂寞，对自己、对这份感情都是不负责任的。

恋爱上瘾让你“越喝越渴”

上瘾往往会被比喻成口渴。人在口渴时就想要喝水，但如果喝下的是盐水，又会如何呢？

盐水或许可以短暂地舒缓口渴的症状，但会越喝越渴，甚至可能会导致脱水。

谈恋爱也是一样。想要依靠其他刺激或者把注意力转移到对象身上来忘却寂寞，寂寞感反而会变得更强烈。这种情况下，首先要做的是理解内心寂寞的感觉与情感，并找出引发寂寞感的根源。明确感到寂寞是自己的问题而不是他人的问题，你才有机会跟寂寞健康地做个了断，不再利用他人消解自己的寂寞。

我们必须明白，一个人时能够好好生活的人，也可以好好地谈恋爱。能够把自己照顾好的人，是情感丰富且成熟的人。情感上成熟的人，才能与他人建立有深度的关系，如拥有健康的恋爱关系。

几年前，30 多岁的智秀小姐来到了诊疗室。

智秀小姐坦言，即使和很多男人约会，也无法解决空虚与寂寞带来的烦恼。

通常，她会同时和五个男人约会。因为在与一个男人见完面分开后马上就会感到寂寞，所以她又立刻与其他男人约会。如果想见的人都没有时间，就去找自己不喜欢的男人。但智秀小姐并不是一开始就同时跟这么多男人往来。起初，她以为与一个男人交往就可以消解自己内心的寂寞，但事情并没有如她所愿，于是她同时交往的男人逐渐增多。智秀小姐觉得这样的自己非常差劲，看到这些为她付出的男人，智秀小姐感到罪恶。跟男人交往并不能填满内心的空虚、消解寂寞，反而让她感到更空虚、更难过。

智秀小姐希望从这些男人身上获得什么呢？那就是父亲的爱。实际上，智秀小姐期待重温父亲温暖的怀抱，因此她同时跟很多男人交往。但他们并不是她的父亲，也无法提供给她所期待的温暖。

智秀小时候，父亲长时间在外，时隔几个月才回家一次，每次回家他都会给智秀买很多礼物。由于妈妈非常讨厌父亲，即使智秀每次看到父亲都觉得非常开心，但也不能表现出来。智秀的父母之间就像有世仇一样，终日反复争吵。最终，智秀的父亲无法忍受争吵，选择离家出走。

“我那时手足无措。父亲离开家之后，我非常想念他、很想拥有父爱，但不知为何，我又因自己的想法产生罪恶感与愧疚感。妈妈也很不喜欢这样的我，经常责骂我。让我有勇气忍受这种状况的只有对父亲回家的期待，所以我一直在等待他回家。但是当他回家时，我又只能在心里暗自开心，不能表现出来。”

受小时候经历的影响，智秀小姐认为渴望爱情是一种背叛他人的行为。这种想法让她无法全心全意地去爱一个人，无论和谁交往，都无法弥补她曾经缺失的父爱。

智秀小姐希望出现一个人，能像接纳孩子一样接纳并安抚感到不安的她，或者依赖喝酒与发生性关系等不健康的方式发泄情绪。像智秀小姐这样寂寞感非常强烈的人，成年后也殷切盼望着可以回到有着满满的爱的童年。但在现实世界中，这种事不可能发生，所以他们选择通过过度依存于某些人、某些事或某些物品的方式来排解内心的寂寞。

温柔地抚平寂寞的褶皱

“我”内心的寂寞只能完整属于“我”。越是想要逃避寂寞感，就越容易陷入寂寞的泥沼里。这种时候该怎么办呢？

我们必须抚平内心的寂寞感，找出造成这份寂寞的根源——曾经受到的创伤，并治疗它。如果能理解内心的寂寞并接受它，那么我们就不需要为了逃避寂寞与某个人往来。

当然，我们不可能完全从寂寞中解脱，所以我们要学会独处。我们要将寂寞当成一个机会，而不是将它看作一种阻挡自己与他人建立关系的绊脚石。我们可以将寂寞看成一种正面情感，即建立只属于“我”的主观的、特殊的正面情感。

合理把握亲密关系中的执着与依赖

当我们刚刚降生，我们的第一个执着对象就是母亲的乳房。

梅兰妮·克莱因[①]提出，“母亲的乳房”是第一个引起人的执着与欲望的对象。因此无论是男性还是女性，都很关注乳房。

建立健康、稳固的心理安全基地

为了找出产生执着的根本原因，我们必须理解第一个执着对象“乳房”对我们来说具有什么意义，会对我们造成什么样的影响。

对婴儿来说，乳房等于生命，是他最需要的，也是最想要的。婴儿通过乳房获得维系生命的能量，并确信自己是安全的，因此，婴儿得到乳房等于得到了富足感与安全感。

当婴儿因为肚子饿而哭泣时，母亲将乳头放到他的嘴巴里，婴

---

① 梅兰妮·克莱因（Melanie Klien），英国精神分析学家，客体关系理论的创始人，儿童精神分析研究领域的先驱，被誉为“继弗洛伊德之后，对精神分析理论发展最具贡献的人物之一”。她对幼儿心灵的探索，及对儿童精神分析技巧与理论的开拓，非常具有导向性。

儿就会停止哭泣，紧接着，他会开始贪婪地吸吮分泌着乳汁的乳房，好似在沙漠中遇到绿洲。

根据克莱因所言，婴儿在感受到饥饿的瞬间，内脏受到刺激并使婴儿产生了恐怖的幻想——无数只有牙齿的虫子在啃食婴儿的肠道。这时如果让婴儿吸吮乳房，他就会在瞬间产生打倒恐怖虫群的正面幻想。在婴儿的幻想中，乳房具有魔法般的全能力量，所以他会产生将其据为己有的欲望。

越是拥有美好的母乳喂养经历的婴儿，越能感到满足与安定，建立起体现自己的主观与特色的心理安全基地。相反，缺乏美好的母乳喂养经历的婴儿会感到空虚，为了填补空虚又表现出更强的执着倾向。拥有这种倾向的孩子在长大后，会对女性的乳房表现出更直接的执着，或者变换成对其他人、其他行为或某种物品的执着。

就像婴儿会紧紧抓住母亲的乳房，我们也希望自己所执着的人或者物品具有可以安抚或保护自己的魔法。当执着于网状丝袜这种特殊物品，或执着于异性的屁股、腿部等身体部位，或执着于与异性的交往，或执着于某种重复的行为时，人们会赋予自己执着的对象某种魔法般的意义。

举例来说，对丝袜、睡衣、皮鞋等物品表现出执着的人，通过物品的触感或味道等获取性快感或心理上的满足。这些物品替代了安抚他、安慰他的最初对象，也就是妈妈的乳房。尤其是柔软的丝袜或女性睡衣，能使他感受到类似于乳房的柔软触感。

执着于其他物品的人其实也有相似行为。他们通过手表或鞋子等物品安慰自己、获得安全感与满足感，并试图合理化自己对这些物品的执着。这种行为代替了幼时对母亲乳房的执着。与其说喜欢这些物品本身，不如说是对物品传递出的特定感觉赋予了过多的意义。

因分离焦虑而生的“过渡性客体”

温尼科特揭示了执着发生的原因——依附的对象消失，婴儿为了安抚自己，便寻找到一些“过渡性客体”进行依附。很多孩子执着于玩偶熊、枕头或棉被等，将这些物品看作是对自己有意义的东西，一刻都不愿意离开。独处时间越长的孩子，这种倾向就越强烈。这些物品同时存在于孩子的幻想世界与现实生活中，是孩子为了安抚自己而制造出来的依附对象。

作为养育者的母亲缺席了孩子的成长期，孩子为了化解分离焦虑，会改变依附对象，制造出一个代替母亲的对象与自己在一起。例如，玩偶熊代替了母亲的角色，可以给孩子带来心理上的安定感。孩子会认为玩偶熊是活着的物体，会和玩偶熊交谈，借此试着摆脱自己是一个人的感觉。

孩子处于主体位置，能安抚孩子的物品被称为过渡性客体。如果那些物品被夺走了，孩子就会对该物品产生更加执着的信念，犹如被下了蛊或是出现成瘾行为，孩子会变成该物品的奴隶，而不是有主导意识的个体。

对人表现出强烈的执着，也是因为害怕失去对方。这种害怕源自人内心觉得自己不会被爱的念头，因此，为了填补缺失的爱，人们会很自然地产生冲动，当冲动超过一定程度时就会变成执着。

紧握手中的幸福

任何人都想要被爱，被爱能满足人内心的基本欲望。如果觉得自己不被爱，人们会为了得到充足的爱而执着于特定对象。在这种情况下，执着代表着“控制”。当感受到自己确实能有效控制住对方时，人们才能确定自己是被爱的。

执着于某个人，就等于将自己能否获得幸福的主导权交到对方手里。具有强烈执着倾向的人，在他人没有依照自己的意思行动时，他们就会认为自己的幸福被毁掉了，并且感到非常愤怒。

例如，想要控制孩子的父母，会因为孩子不好好读书而生气；对配偶执着的人，会因为配偶没有依照自己的意思做事情而生气。

不论孩子是否认真读书，父母的幸福都应是掌握在自己手中的。虽然在学习的过程中孩子需要父母的帮助，但父母不能将孩子当作执着的对象，甚至作为判定自己幸福的标准。

同样地，无论配偶对自己好不好，我们都要将自己的幸福牢牢地掌握在自己手中。即使配偶的表现并不能令自己满意，我们也要有配偶是爱着自己的信心。

无论处于哪种关系中，过度依存于他人就会变成执着于他人。依赖孩子与丈夫获得生活的希望的女性会执着于孩子与丈夫。因为这种女性的主观意识薄弱，所以会依存并执着于最靠近自己的对象。

想要从执着中解脱，最先要做的就是放弃对他人过度的依赖与期待，观察一下自己究竟对谁或者对什么事情持有过度的依赖，并观察那种依赖是否为了填补欲望而生。

Part / 4

在内卷时代同时具备“松弛感”与“内驱力”

做出改变绝对不是件容易的事。因为有时候改变等于否定现在的自己，人们会害怕自己存在的价值就此消失。但将“我”变成“更好的我”，需要超越恐惧，拥有做出改变的勇气与决心。要知道，所有的行为都是从勇气与决心开始的。

唤醒内在动力，才能摆脱懒惰循环

咨询师："你真的是一个懒惰的人吗？为什么会这样想呢？"

钟秀先生："小时候妈妈就说我很懒。因为实在太懒了，所以闹钟响了很久我也不起床。好不容易起床了，我也总是拖拖拉拉的，脸也是爱洗不洗的。我做每件事情时都觉得烦，动作也很慢。"

咨询师："原来如此。"

钟秀先生："我真的有拖延症，觉得做每件事都很烦，对任何事情都提不起兴趣。举个例子，如果我的脑子里想着'要读书啊'，几乎在同时又会出现另一个想法'那先玩一会儿电脑再说吧'。然后就开始玩电脑，耽误了读书，就这样一直拖延下去。我常常对自己说'我又犯了容易觉得厌烦的毛病'，我也不知道到底为什么会出现这种情况。"

咨询师："你到底在害怕什么呢？"

钟秀先生："害怕什么？我的确想要逃避，想要在他人面前好好表现自己，却无法称心如意。明明想要好好表现，我却总说出奇怪的话。如果对方听不懂我说的话，羞愧的感觉就会瞬间涌现在我内心，只想要赶快找个老鼠洞钻进去。"

咨询师:“所以你并不是真的懒惰，而是想要逃避羞愧的感觉？”

钟秀先生:“没错。”

咨询师:“因为玩电脑而把该做的事情延后，你认为这样的自己很懒散。在我看来，你是为了不想做该做的事才选择玩电脑。懒惰不是存在性的问题，而是选择性的问题。”

钟秀先生:“把该做的事情延后不是因为懒惰吗？”

咨询师:“也有可能是‘延后应该要做的事，使你觉得自己很懒惰’。”

钟秀先生:“也有可能是这样。从小我就经常被骂很懒，如果洗脸后没把水擦干，妈妈就会说:‘你怎么连擦干净脸这件事情都懒得做？’每当被妈妈这么说时，我就会觉得很难过。我只是没注意到所以才没把水擦干净，却被骂是懒惰的人。从那时候开始，每当我对妈妈的言行感到不满或生气时，就会选择不听她的话。妈妈每次唠叨的时候，我的心里会反复响起一个声音——‘很烦’。

“所以好像在无意间形成了这种模式：当妈妈唠叨:‘为什么不能快一点？’‘怎么连一件事情都做不好？’如果我想不出该回答什么，就会说‘因为很烦’。这就是我回答妈妈的话，就算我说了别的话，妈妈也不愿意听。最后，我只会觉得自己可能从出生起就很懒惰，连明明可以立刻开始做的事情都不想做了。”

咨询师:“你心里应该很闷，然后觉得很无力吧。”

钟秀先生:“我没有主动去做一件事情的意愿。你想一想，妈妈认为我没有办法做好任何事情，所以我又能做好什么呢？她没有支持我、督促我、鼓励我，甚至将我仅剩的勇气的火种也吹熄了，我又能怎么办呢？我甚至连自己能够做好一件事情的想法都没有，我总是认为‘自己本来就是一个没用的人’，觉得什么都不做才是最好的。我有点担心未来自己会不会变成流浪汉，或者干脆直接过流浪汉的生活，这样我心里可能会比较舒服。”

懒惰是无声的反抗

钟秀先生从小时候开始就无数次听到妈妈数落他，说他是一个很懒惰的人。其实，小时候的钟秀先生并不是懒惰，只是展现出了一个孩子的不足之处，但妈妈却断定钟秀先生是“懒惰的人”。

如同上述例子，**父母向孩子反复传递负面信息，孩子就会在不知不觉中受到负面信息的影响**。孩子经常听到妈妈说“你是懒惰的人”，并在无意识中将这句话内化，最终会给孩子留下自己是懒惰的人的负面印象。

同时，孩子也会以不听妈妈的话的方式来反抗。因为孩子知道妈妈在责备自己，所以会本能地不听妈妈的话，甚至反抗妈妈。

接着，本来并不懒惰的孩子会通过迟滞的行为来表达对妈妈的不满。长此以往，这个孩子就真的变成了什么都不愿做的懒惰的人。

50 多岁的延婷小姐与丈夫的相处情形也与上述例子类似。

丈夫会答应她拜托的每一件事情，却不付诸行动。对此，延婷小姐感到不满。如果追问丈夫为什么没有做，他就会用没时间或者忘记了等借口搪塞过去。

为了理解丈夫为什么会变成这样，延婷小姐与丈夫来到了诊疗室。我们先听听延婷小姐的想法，再来听她丈夫的想法。

延婷小姐说："丈夫在脾气不好的母亲的养育下长大，所以只要感觉到我有一点生气，他就会感到害怕。"

在丈夫看来："延婷小姐就像我的妈妈一样急躁，这常常让我感到受伤。因为害怕妻子，我甚至不敢表现出内心的恐惧，更无法拒绝妻子的请求。"

站在延婷小姐的立场，丈夫明明做出承诺了却不付诸行动，她当然会生气。丈夫没有直接表达不满，而是选择用"不付诸行动"来进行被动的攻击，即选择了看起来懒散的方式去反抗，其实是将对母亲的恐惧投射在生气的妻子身上，对妻子产生了敌意。

优越意识滋生懒惰情绪

懒惰的人多半觉得自己很了不起，或者内心有优越感。在面对许多事情时，他们都想着"我为什么要做这个"，更不屑去做琐碎的小事。他们没有优先考虑他人、帮助他人的意识，更不会意识到"这是我该做的事情"。

实际上他们什么都没有做，却自认为自己可以比别人做得更好，也因他人将事情做得很好而感到自卑，所以忙着诋毁他人。

观察这种人的内心世界我们不难发现，他们的内心藏着害怕自己没有办法把事情做好的恐惧，他们表现出的夸张的优越感，可能是为了隐藏内心的自卑。

如果你觉得自己懒惰，就要在日常生活中观察一下自己，思考一下，自己是真的懒，还是有其他原因导致自己看起来好像很懒惰。因为，你也许不是一个懒惰的人，只是做事情时动作慢，使自己看起来像懒惰的人。

如果你是真的懒惰，那就需要留意一下自己把事情拖着不做时的心理状态。你需要想一想，自己正在做的事情，是不是自己真正想做的事情，或者你只是被逼无奈才做这件事情的。

脚踏实地的逐梦之旅更精彩

梦想，可以让我们的人生充满动力。

一个人有梦想，就表示他拥有“可以实现梦想”的机会，有梦想就有“可以变得更好”的可能性，而这个可能性源于他的内心有可以完成某件事情的自信。自信的人能够热情地专注于所做之事。有希望所以有信心，有信心所以能够专注于完成某件事。但是，也存在一个人没有梦想的情况，就是当他觉得无力的时候。

无力感其实就是抑郁症的核心心理结构。一般来说，有抑郁症的人对于日常生活中的所有事情都感到疲倦与麻烦。曾经非常喜欢的旅行、吃美食、玩游戏等活动，都令他们感到很烦。这一切的罪魁祸首都是“无力感”。你想要带这样的人去好玩的地方放松身心，他们却会说“那里有什么好玩的”，然后拒绝与你同行。即使你根据他们的情况，提出各种建议、想要提供帮助，但他们却会说“不会有什么效果”，然后拒绝接受你的帮助。像这样没有办法做任何事情的病，就是抑郁症①。

① 抑郁症是一种常见的心理疾病，以连续且长期的心情低落为主要临床特征。此处所描述的是抑郁症的其中一种表现。

“投射性认同”是一种影响信号

有忧郁倾向的人，并非一定是抑郁症患者。这些人对做任何事都感到不愿意、感到无力，他们没有梦想或对未来没有规划。

如果出生不久的幼儿在现实世界中感受到幻灭，就会产生无力感。依照温尼科特所言，通常情况下，每个孩子都曾拥有全能感，如果幼时没能感受到它，当直接面对世界时，孩子就会从现实世界中感受到挫败与幻灭，接着无力感就像慢性疾病一样持续折磨孩子。

这里的全能感是指，孩子觉得自己是像神一样的存在。例如，婴儿有想吃东西的欲望，会不自觉地向妈妈发出“投射性认同”（Projective Identification）的信号。

投射性认同指用特定的方式诱导他人做出反应。某些时候，我们会感到很奇怪，明明是不需要生气的小事，我们却莫名其妙地感觉生气。这就表示，某个人的情绪感受影响了“我”，他人好像与“我”合二为一了，他的情绪犹如“我”的感觉或行为一样，被我清晰地“捕捉”到，这种现象就是投射性认同。

觉得自己创造了一切，觉得世界可以依照自己想要的方式运作，就是幼儿所拥有的全能感。

幼儿的全能感与无力感

人在幼儿时期就已经拥有全能感。有些人长大后也没能丢掉幼儿时期建立的全能感，成了“成年的孩子”，他们希望世界按照自己期待的方式运作。

坐车时遇见堵车就生气、对不用功学习的孩子生气，或者自己的意见不被他人接受时就生气等，都是具有代表性的“成年的孩子”行为。

这种人有自己可以完成一切事情的毫无根据的幻想，他们只会追逐理想的东西，心里有很多想要完成的梦想，也就是总是处于追着想要的东西跑的状态。从某个角度看，他们也可以被看成是梦想太多的人。

相反地，没有梦想的人通常受过严重的挫折，他们压抑了内心的全能感，并让无力感如慢性病般固着在内心。绝望的感觉成了内心的慢性病，人也就不会再有什么梦想了。

温尼科特认为，自出生起长达一年的时间，是婴儿要充分感受到夸张的全能感并需要感受到自己是被保护着的时期。在这个时期，婴儿如果有在现实世界中受挫的经验，那么全能感就无法正常发挥作用，会被隐藏在无意识深处，对日后的人生造成负面影响。

当幻想与现实碰撞

如果是心理健康的产后妈妈，她会很快发现婴儿的肚子饿了，并会按时喂奶。

但患有产后抑郁症的妈妈、与婆婆有冲突的妈妈，或者发现丈夫有外遇的妈妈，抑或经历了娘家父母死亡等重大事件的妈妈，都无法将注意力放在婴儿身上，所以有可能会错过婴儿发出的信号。会发生在婴儿哭了好一阵子后，妈妈才意识到要喂奶的情形。这种情况反复发生，婴儿的全能感就会严重受损，内心充满了挫折感。

婴儿要在能够忍耐饥饿的时间范围内吃到奶，才能在幻想中维持全能感。这种“幻想”，特指立即被实现的幻想。假设现在一个婴儿要去美国，在幻想中他可以超越时空，瞬间到达美国。

但现实却不是这样的。与在脑海中瞬间可以完成某件事的幻想不同，现实世界中的事情是要花很长的时间才能完成的。在现实中，要去美国，得先去办理护照，然后申请签证，紧接着购买机票。坐飞机直抵美国，还需要经历超过 12 小时的飞行旅程。

不承认现实时间概念的人，希望什么事情都能以最快的速度得到解决。这种人的个性与生活习惯也体现着“快”，他们也希望只付出一点努力就可以使孩子与配偶发生变化。

现实生活要求我们付出很多耐心。与需要付出时间与耐心的现实碰撞的瞬间，幼儿的幻想世界与全能感会因为幻灭的冲击而分裂。孩子在任性或者发脾气时，就是在发泄因自己的要求没能立刻被满足而产生的挫败感。

区别梦想、幻想与妄想

从孩子幼儿期开始就无法好好关心孩子的需求的父母，等孩子到了儿童期或青少年期，他们也不会有什么改变。

遇上比起关心孩子的需求，更主张自己的想法的父母，孩子会因为个人需求没能被尊重而一次次感到受挫。最终，孩子会被无力感折磨，无法靠自己的努力实现梦想。

这样的孩子成年之后也无法在现实社会中扎根，他们放不下幼儿期的全能感，在幻想世界中游荡。这种人在他人眼里既柔弱又自私，所以很难与他人建立深度关系。

不可能实现的梦想就不是梦想，而是妄想。梦想不仅是为了做梦而存在，也是一个人努力的目标。也就是说，做梦与实现梦想是同等重要的。如何实现梦想呢？如果纯粹沉浸在妄想中，又应该怎么做呢？

必须拥有在现实中有可能实现的梦想。不是不可能实现的梦想，而是有可能实现的梦想；不是只有在幻想世界中才能实现的梦想，而是必须在现实世界中可以被追逐并实现的梦想。同时，我们也必须有可以实现梦想的自信。让我们记住：自信是人生的原动力，也是实现梦想的力量。

决定做出改变，就别再原地踏步

所谓的变化，是指进入陌生的环境所带来的改变。新事物会引起人的怀疑与好奇，同时也会给人带来不安与恐惧。被恐惧压迫而不知所措或总是依附于他人的人，并不欢迎“改变”。

心理学用“抗拒”（resistance）来表达害怕改变的心理。害怕改变的人也会殷切地期盼着变化，但在无意识中，他们又渴望停留在当前这个熟悉的环境中，因此，他们会抗拒做出任何改变。脑子里明明知道自己需要做出改变，但他们却怎么也没有办法付诸行动，只是原地踏步。

在咨询者们向我咨询的过程中，我常看到人们抗拒改变的模样。一般来说，在达到再也无法忍受的临界状态时，人们会觉得必须要有所改变，这种时候他们就会选择到诊疗室接受治疗。他们恳切地期盼能改变这种痛苦的状态，但同时又在无意识中强烈抗拒着变化。

殷切的期盼与强烈的抗拒

40多岁的恩淑小姐也是因为希望改变自己悲惨的人生而选择来到诊疗室。

恩淑小姐看起来像是前景一片大好的职场女性，但实际上她正殷切地期盼着改变不为人知的悲惨人生。她本应得到他人的尊重，但在生活中却总是被丈夫与其家人欺负。

从结婚到现在，丈夫不间断的外遇令恩淑小姐饱受折磨。不久前，丈夫甚至以学习英语为借口将一位外国女性请到家里来。看着那位女性与丈夫亲昵的模样，恩淑小姐不禁怒火中烧。一如往常，恩淑小姐甚至没能抱怨出口，更别说责骂丈夫了。面对丈夫时，恩淑小姐一副畏畏缩缩的模样，连该讲的话都不敢说出口，与她非常干练的外在形象形成了鲜明对比。

恩淑小姐与母亲的关系也差不多如此。母亲以帮忙照顾孩子为由，每个月让恩淑小姐奉上9000元作为零用钱。尽管如此，母亲仍经常会责备因为工作忙碌而不能好好持家的恩淑小姐，常常对她大呼小叫："如果我在别人家帮忙，可以拿到超过10 000元的工资。"这种时候，如果恩淑小姐反驳："那请妈妈到别人家去帮忙吧。"妈妈就会生气地说："你这个丫头，是想把我赶出去吗？"紧接着，父亲或哥哥也会打电话来大声责骂恩淑小姐："你这个坏女人！"

"我真的不想讨厌妈妈，她在帮我照顾孩子，我怎么能叫她离开呢？我如果这么说，全家人都会跑来骂我是坏女人。更令人愤怒的是，妈妈会将我给她的钱好好存起来再全部拿给哥哥。哥哥嘴上说要做生意，却把钱全部败光，接着又跟妈妈伸手要钱。如果妈妈没有钱，全家人都会跑来让我借钱给哥哥。

“我从小就被家人当成牺牲品。发生不好的事时，家人会把责任全部推到我身上，让我出面处理。就算我把问题处理好了，他们还是会责骂我。每一次我都暗下决心再也不要帮他们了，但最终都会重蹈覆辙。

“结婚时，父母也没有帮我准备任何嫁妆，都是我自己去凑钱准备嫁妆，结婚后还要瞒着丈夫偷偷地慢慢地把借来的钱还掉。

“无论我再怎么努力赚钱，无论我多么想好好过日子，身边的人也只会违背我的意愿、强迫我做自己不想做的事。我觉得很累，也活不下去了。虽然不知道问题是从哪里开始出现的，但是我想要摆脱这个恶性循环，请你帮助我改变这一切吧。”

认同人生原本的样子

越听恩淑小姐的故事越觉得耐人寻味。她背负着这么沉重的担子，让人感到很心疼。她一个人到底是怎么熬过来的？泣诉自己再也不想过这种生活的恩淑小姐，真的能改变吗？

即使如此期盼改变这一切，但当真的要求她放弃目前的生活方式，去过新的人生，仍然是一件非常困难的事情。因为，**在意识层面想要做出改变的意志越大，在无意识层面对于改变的抗拒也越大。**

害怕改变的内心状态，会通过多种外在行为呈现出来。明明已经约定好了咨询时间，但是恩淑小姐总会迟到，她还会频繁地更改咨询日期。咨询内容越是深入，就越靠近恩淑小姐内在的核心创伤，与此同时，她害怕改变的抗拒心理也会更强。结果不出我所料，恩淑小姐停止了咨询。

恩淑小姐并不是个例，很多人都因为渴望做出改变而开始做心理咨询，但终究因无法战胜内心对做出改变的恐惧而停止咨询。

从恩淑小姐的例子中，我们可以知道，做出改变绝对不是件容易的事。因为选择做出改变就等于否定现在的自己，否定现在的自己，就等于质疑自己辛苦维持着的价值。人们会因为自己长久存在的价值可能就此消失而感到害怕。

但是，唯有承认自己的错误，才能改变让自己痛苦的行为。能认同“不能像现在这样生活”的观念，人才会开始改变。不承认错误，改变就不会发生。一个人从表面上看好像是承认了错误，实际上内心在怪罪他人、怪罪环境时，他也不会发生改变。

改变是将“我”变成“更好的我”的必经历程。为了能成为“更好的我”，我们需要勇气，更需要下定决心战胜害怕做出改变的心态。要知道，所有的行动都是从勇气与决心开始的。

重复犯下的错是映照真实自我的镜子

重复犯错的人总是怀有不知道什么时候又会犯错的不安。再次犯错时，他们就会觉得自己是不是哪里有问题或是认为自己是没有办法好好处理事情的人。

从无意识的层面来看，犯错行为隐藏着一个人的某种意图。也就是说，犯错是洞察某个人无意识层面的窗口。

弗洛伊德认为，犯错是被禁止、被压抑的冲动与想法，在未预期的情况下通过言语或行为呈现出来。即，**以犯错的方式呈现出的被压抑的自己，才是自己本来的样子**。

因此在犯错的时候，我们不要觉得羞愧，也不要认为犯错不是自己的原因，而是要审视自己的内心究竟有哪些被压抑的东西，也要找出那些被压抑的东西总是“在特定的情况下，以犯错的方式出现”的原因。因为，犯错是在暗示我们忽视了现实生活中的某些很重要的东西。

找回被破坏的“精神平衡点”

英俊先生是一名上班族，他因为总是说错话而选择来到诊疗室咨询。

当和英俊先生约会的女性准备向他敞开心扉时，英俊先生就会说出煞风景的话或者说出让对方抗拒自己的话，最终毁掉这段关系。英俊先生总是后悔：“我为什么会说这种话呢？”但他仍然会重复犯同样的错误。

在为英俊先生提供咨询服务的过程中，我可以确定他的内心藏着对对方的愤怒。其实，英俊先生内心盘绕着的愤怒不是对方造成的，而是来自他自己的意识。英俊先生将对过去曾经让自己压抑的人的情感，在自己尚未意识到的时候，转移至现在的对象身上。

英俊先生小时候，每当叔叔呵斥“给我打起精神来”时，他总会觉得叔叔都是为了自己好才说这样的话，所以即使听后觉得心情不好英俊先生也会选择忍耐。但是叔叔经常这样责骂他，英俊先生的愤怒在内心深处扎了根。后来，只要叔叔托英俊先生做些什么事，英俊先生都会自动将它们抛至脑后，或者说出让叔叔听了会心情不好的话。在他长大后，这种状况反复发生，而且在他与其他人的关系中也会发生类似的情况，这让英俊先生感到很苦恼。

这是被压抑的愤怒以犯错的方式呈现出来的范例。

还有一些相似的例子。某些男性会因为对母亲怀有敌意，而做出让妻子感到痛苦的事。这种男性会被与自己母亲相像的女性吸引并陷入爱河，如果他们讨厌母亲的感情越强烈，就越容易将讨厌妈妈的情感转变成敌意并发泄在与自己的母亲相像的妻子身上。

在非常唠叨的母亲的养育下长大的孩子，长大后也会被类似的女性吸引，甚至选择与她结婚。但是，在结婚后却对唠叨的妻子充满敌意。这种男性在结婚前会觉得，妻子唠叨是因为担心他，但结婚后却觉得妻子这样做是在责骂他。

他们会觉得，仿佛过去让自己感到痛苦的母亲又出现在自己眼前，所以会像小时候面对母亲时一样，对妻子展现出防御的态度；也可能将防御态度演变成心理上的听觉障碍，当作没听见妻子的话，甚至选择出轨等让妻子讨厌的行为也是防御态度的典型表现。

荣格认为，像这样的无意识行为，是为了找出获得人格完整性的平衡。依照荣格所言，人之所以偏离本来该走的路，转而向另一条路逃避，根本原因是其精神世界的平衡被破坏了。为了要找回被破坏的平衡，自我会朝着与意识相反的方向做规划并执行。

这时意识不会服从于自己的主人，即自我，反而会抵抗和反对自我。在自我与意识斗争的过程中，会做出“犯错”等外部行为。

犯错绝不是坏事。因为人们可以通过犯错积累经验，并往前迈进。通过犯错发现自己的缺点并修正自己的错误言行，可以帮助我们成长为更成熟的人。

但是犯错太频繁就会联结到失败，失败会剥夺一个人重新开始的自信。若不能总结失败的经验，人就会生病，或者发生事故，或者在人际关系中经历极大的痛苦。

鬼怪恶作剧①

男性造访诊疗室，大部分都是受困于自己有外遇引发的一系列问题。很神奇的是，他们会因为大大小小的错误让妻子发现自己有外遇。其实，只要稍微谨慎一点就不会被发现的，但他们却总会留下证据。虽然这些男性也会努力想要销毁容易引起妻子怀疑的东西，却仍会犯下留下出轨证据的错误。

举例来说，某位男性瞒着妻子与他人发生不正当关系并付费后，他没有意识到妻子可以轻易追踪到收款账号，最终，收款账号被妻子发现了。也有男性去了不正当场所后，觉得自己只要把发票收好就万事大吉了，却把发票遗忘在口袋里，然后被妻子发现了。

为什么他们会犯这种错误呢？主要是因为当事人内心有几种无意识的意图。

首先，为了自我处罚而犯错。当事人没有办法解决自己的问题，

① “鬼怪”是韩国的民俗童话故事里面想象中的鬼怪的统称。“鬼怪恶作剧”是韩国的俚语，形容做的事情事理不分明，也没有重点或方向。韩国也有妖怪、怪物等说法。

所以在无意识中会不受控制地重复犯错，也就是说，当事人为了被妻子发现自己有外遇而故意留下证据。

韩国早期有所谓的鬼怪故事。

故事里常常出现被人使用后沾染上人的气息的用具，其中一种就是扫火炕用的小扫把。小扫把沾上人血，尤其是沾上女性的经血就会变成鬼怪。

到了深夜，鬼怪就会出现在偏远的房子的角落，或者出现在幽暗的巷子中，向路过的人做恶作剧，让人吃尽苦头。有故事描述，有人整晚与鬼怪摔跤，早晨睁开眼睛后，发现自己手里抓着的不是鬼怪，而是小扫把。

依照荣格的分析心理学理论，鬼怪象征着被表现出来的无意识。人们用过之后丢掉的工具变成了鬼怪，就表示在人的意识中被压抑的东西出现在象征无意识的幽暗地带，以让人吃尽苦头（犯错）的方式呈现出来。这意味着,不要只看被暴露出来的意识世界，也要重视眼睛看不到的无意识世界。

我们生活的现实世界中虽然没有鬼怪，但常发生和鬼怪恶作剧类似的事情，即在无意识的作用下以犯错的方式表现出来的事情。

就像是已经清理了、不应该被发现的发票，却依然放在原位；努力赚了钱，但把钱全部花光变成了穷光蛋；努力帮助他人，但身边却一个人都没有；想要努力避开选择像父亲／母亲一样的配偶，但认真挑选后发现配偶还是跟父亲／母亲一样；为了过上完美的生活而努力，但因生活的平衡被打破而苟延残喘；为了不要犯错而小心翼翼，却又重复犯错；等等。以上这些都是因为当事人更重视外部的现象而不是自己本来的样子，所以掉入了幻象与错觉中，不知道自己在说什么话，也不知道为什么做出这种行为。

读懂犯错背后的警告信息

犯错是一种信号，它告诉当事人“你偏离了合适的轨道”或“现在是时候审视内心真实的想法了”。同时犯错也在告诉我们“当需要改变现在的生活方式与态度时，犯错并不是一个合适的提醒方式”。

如果忽视这种警告，继续依照原来的方式生活，那么他可能会在身体与精神上遭遇很大的打击，就好像闯红灯的车子撞到了其他车子会引起交通事故一样。

犯错，是内心的不协调或被压抑的情感被当事人表现出来的行为。如果一个人经常犯某个错误，那么他需要花点时间观察一下自己的内心，需要想一想，自己在说什么话、做什么事时经常犯错，也要仔细思考是什么样的内心情感被压抑，造成了困扰自己的不舒适感与不安感。

犯错是映照我们无意识世界的一面镜子，使我们有机会检查、调整现在的自己，努力使人生处于一个平衡状态，预防重大事故发生或痛苦产生。

接受自己，超越自卑

自卑的根源其实是一种存在感的缺失。觉得自己一定要在人群中有存在感的人，将自己外在的样貌当成自己的存在价值，而不是内在的真实形象。这类人希望借助自己优越的外表从没有存在价值的自卑感中逃脱。

而优越感指自己看起来比他人更好，希望自己能够脱颖而出的心情。有优越感的人看到比自己更优秀的对象时，就会觉得那是要踩在脚底下助力自己往上爬的对象。这种人为了维持内心的优越感，总要与外部的敌人“打仗”，日子过得非常辛苦。但在因想到“我输了，我无法赢过那些优秀的人”而放弃的瞬间，他们的优越感马上就会转变成自卑感。

正确认识自己的存在价值

被自卑感折磨频率最高的时期就是青少年时期。到了青少年时期，严苛的超我逐渐显露出来，人们会以高标准衡量自己。尤其在面对陌生的心理和身体的变化时，他们会觉得自己是丑八怪。

简单来说，在青少年时期，人们因为不能确定自己的存在价值，所以会过度执着于自己的外貌。人们从外貌中寻找自我价值，因此对身体的变化与特性表现得非常敏感,容易陷入烦恼当中。例如，“讨厌自己的高颧骨”“下巴太宽使自己的脸看起来太大”“没有双眼皮所以看起来一副穷酸相”。

青少年因外貌而烦恼不是什么稀奇的事情，问题在于长大成人之后价值观与自我依旧处于混乱状态。

这些人对自己本来的样貌没有自信，所以会过度执着于外貌。即便客观地看，他们的外貌没有特别不足的地方，他们还是会觉得自己“长得不好看所以不讨人喜欢”。明明自身有很多优点，但他们却被“没拥有什么,以后也不能拥有什么”的失败感牢牢困住。

他们之所以对自己的存在价值认识得不准确，是因为在小时候个人的存在价值没能被他人认同。在这些人的成长过程中，比起存在（being），行为（doing）反而被赋予价值，完全接受自己的存在使他们感到困难，导致他们陷入将人生的主导权让给他人的情感状态。

针对这点，温尼科特表示，这是一种扭曲的“假我体系”，具有隐藏而非保护自己的功能。假我体系具有帮助“本我”[①]，将自

① 弗洛伊德的学说中，人格由“本我”“自我”“超我”组成。本我是本能的我，处于潜意识中，是混乱的、不稳定的、被压抑的欲望。自我则是现实中的我，是在后天学习、社会环境的影响下形成的人格，是本我和外界的调节者。超我则是由道德、理想与良心所构成，是所有人格中，专司道德的部分。

己的欲求以符合现实的方式表现出来的功能。

举例来说，某个人在参加葬礼时忽然想笑。这时“本我”会笑出来，但这在葬礼上是一种失礼的行为，所以这个人会通过“假我”将“本我”的欲望暂时隐藏起来。但当“假我”出现时，与其说是在保护“本我”，不如说是在将自己本来的样子关在谎言里面，让“本我”永远都不能被呈现出来。结果，用谎言生活的“假我”变成了“本我”。

一个人如果以“假我”生活，就会抹杀掉自己内心真实的欲望，只关注他人的看法、以他人的标准生活。比起自己的想法，这种人更重视他人的想法。**结果就是，自卑感强的人，会将自己人生的主导权让给他人**。

配合着他人的标准与欲望生活的人，自己的人生就会变得空虚，会掉入更依赖他人的恶性循环。他们将能量全部投注在“要让所有人看到自己善良、乖巧的面貌”上，但自己的内心世界却是无比空虚。

不仅如此，这样的人需要持续得到他人的认同与赞赏，所以非常害怕被他人拒绝。外在的行为得到认同时，他们会感到短暂的开心，当无法将自己的存在价值表现出来时，被隐藏的自卑感又会浮现出来。

被自卑感折磨的人，往往从小就渴望得到他人的认同与称赞，或者在父母经常把兄弟姐妹拿来和自己作比较的情形下长大。假设父母的第二个孩子比较聪明并很会读书，很多父母会冷落第一个孩子，将认同与关心倾注在第二个孩子身上。这种事情频繁发生，第一个孩子就会感觉自己应该拥有的东西被剥夺了，或产生自己总是会被拒绝的想法，陷入“自卑情结”中。

哈里·斯塔克·沙利文[①]指出，**自卑感会使人养成偏执型的思考方式**。被自卑感折磨的人，会经常出现被他人嘲弄或指责的错觉，同时也会认为自己不够好。自卑的人总会因为这种想法责备自己，然后又对这样的自己感到厌恶。

爱自己是爱一切的起点

要怎么做才能摆脱自卑感呢？

首先，我们要承认自卑不是因为自己不好，而是由内心的创伤引起的。因此，我们必须观察自己的内心世界，找到引起自卑的创伤并挖掘创伤形成的原因。

更重要的是，要能接受“本我”的存在。要能爱本来的自己、拥抱真实的自己，减少将自己与他人进行比较或掉入自卑深渊的情况。也有很多人每天早上对着镜子里的自己说：“嘿！我很爱你！”他们以这种方式表达对自己的爱。

不只是外貌，关心自己内心的情绪也是很重要的。所谓的爱就是表达关心，爱自己就是关心自己的内心。也就是说，不要否

① 哈里·斯塔克·沙利文（Harry Stack Sullivan），美国精神科医师，研究精神分裂患者的人际关系，推动了精神分析的发展。

定或压抑内心的负面感受，而是倾听情绪本来的声音，并亲切地与自己对话。

如果能这么做，你就能够接受自卑感，因为那也是自己本来的样子。如果拥有能接受自己的自卑感的强大内心力量，自卑感就会完全消失。

繁忙人群的解压法则

我们常会看到有些人只专注于工作，不去谈论兴趣或者休闲生活。他们不仅在工作日的工作时间投身工作，还热衷于熬夜加班，甚至连周末都在工作。然而，他们又会抱怨自己不知道是为了什么而活。

到底为什么要做那么多工作呢?

工作不仅仅是维持生计与赚钱的手段。通过工作，我们能感受到自己正在从事某种有意义的事，产生自己是社会的一分子的归属感，确信自己是能够完成事情的、有能力的存在。**我们在工作中规划有希望的未来，可以维持人生意义与社会生活的平衡**。

想要找到自我价值与人生意义，一定要投入工作。但越是觉得自己没有存在价值的人，就越会专注于工作，希望通过工作来感受到自己的价值。

过度专注于工作的人在退休后，会忽然患上抑郁症；将所有重心都放在照顾孩子上的家庭主妇，在孩子长大不再需要自己的照顾后，也会被抑郁症折磨。以上两种情况，都是同样的原因导致的。人们会通过社会性角色与物质补偿来感受人生的意义与成就，当不能再扮演那个角色时，他们就会觉得自己是没有用的、没有意义的存在。

被过度工作切断的情感联结

人都曾想要通过与他人建立关系来确认自己的存在价值。但如果一个人在幼儿期，自己的存在价值没能在与父母的关系中被认可，那么长大后他就会通过专注于工作或发挥自身能力来得到认可与尊重。即比起存在价值，他更希望通过行为价值来得到他人的认可；或比起关系本身，他更希望通过建立关系的结果来得到他人的认可。

这种人在社会生活中会将工作摆在第一位，会苛责把自己与他人关系看得很重要的人，或觉得那些人是比自己低等的存在。他们在工作时也把结果看得比过程更重要，把在工作过程中与同事产生感情或者体贴他人等，都当成是没有必要的事情。

过度专注于工作的人通常在小时候有“一定要做些什么，才能得到关心或赞美”的经历。这种人成为丈夫之后，会认为自己只要为家庭生活提供金钱就算尽到了身为一家之主的责任。他们一点都不关心孩子与妻子是怎么过日子的，认为只要把赚的钱带回家，就完成了自己该做的事情。

这是一种非常危险的想法，因为家人想要的不只是物质上的东西，还有情感上的联结与沟通。

一位女大学生因为“关系上瘾”的问题来到了诊疗室，她有过度依赖与纠缠男性的倾向。我在提供咨询服务的过程中发现，这位咨询者对只知道工作、连一句温暖的话语都没说过的父亲感到憎恨，这才是造成她痛苦的根本原因。

过度专注于工作可能会导致工作上瘾。这种人不只会疏忽家人，也很难有圆满的社会生活。这跟其他上瘾症相同，不过是逃避现实的一个手段。

为了忘却痛苦的现实而执着于工作

专注于工作也有正面的作用。如果过度执着于让自己感到痛苦的事情，身体与心理都会饱受折磨。这时让自己忙碌起来，可以暂时忘记使自己痛苦的现实。

我们一起来看这位对麻药上瘾的咨询者的故事。

民锡先生因吸食麻药而坐牢，回归社会后又因再度犯错，即将重回监狱。他一想到坐牢就难过得无法自拔，想要选择自杀，又觉得害怕，所以只能责怪麻药上瘾的自己，被抑郁症折磨。

民锡先生组织并参加了各种戒毒聚会，在聚会上他见到了各式各样的人。在组织活动的过程中，他内心的不安与恐惧在不知不觉中消失了，因此有了“好吧，既然我做错了事情，就去监狱蹲个一两年吧”的想法。

在进入监狱之前，民锡先生对那些担心他的人们说："不用担心我。我会打起精神，一年后开心地回来见你们。"并微笑着跟大家道别。

民锡先生的故事便是为了忘却痛苦而工作的例子。

跟着"人生脚本"生活的人

过度专注于工作，给人带来的负面影响会比较大。尤其是那些内心深处藏着痛苦的人，他们为了逃避这些痛苦而专注于工作。在这种情况下，如果痛苦与自我存在感有深层联结的话，人就会陷入工作上瘾的负面影响中。

对工作上瘾的人，内心隐藏着"我是没有用的人"的想法。为了甩开这个苛责自己的声音，他们才专注于在工作上获得成就。如此，他们就可以选择不去听那些指责自己的声音，因为眼睛可以看到的成果，能证明他们不是没有用的人。

只要认真工作，就可以成为一个有用的人吗？很遗憾的是，现实与此完全相反。只专注于工作，与家人的关系会在无意识中变疏远，只剩下彼此间的冲突与自己内心的寂寞。结果，这种人就变成了被家人忽视的真正的"没有用的人"。

也有些人是受小时候被给予的信息（脚本）的影响，导致他们成年后过度专注于工作。这种人的人生脚本上写着"不能享受，只能工作"。

脚本上写着“我是工作到生命最后一刻的蚂蚁”的人，无法让自己放下手中的工作好好休息或者从容享受闲暇时光。因为这种人将小时候从父母那里得到的某种信息深深埋在心里。例如，小时候的他开心地跑跳、玩耍，会被父母叮嘱：“不要再玩了，快去做作业。”这样的孩子会将“玩乐是不好的事情，绝不可以做”的暗示深埋在心里。

有些父母的言行举止更夸张，他们会以身边过得不好或很糟的亲戚或朋友为例，对孩子说：“你绝对不可以变成那样。”把这样的信息不断注入孩子的内心，孩子就会被“玩乐会使我失败，我绝对不可以玩”的观念所折磨。

如果父母在平时生活中不关心孩子，但是，在孩子努力做某件事情时会表现出开心的模样，孩子就会认为“我一定要做些什么，我的价值才会被他人认可”。这种孩子长大后绝对不会“停下来”，他们认为自己必须一直努力做某些事情。经历过以上这些情况的人，在成年后陷入工作上瘾困境的概率很高。

“修复冲动”让人不断工作

一个人内心的罪恶感带来的修复冲动，促使他过度工作。

依照克莱因所言，**婴儿会通过吮吸母亲的乳头获得多样的幻想与欲望。**被幻想与欲望吞没的婴儿在没能得到母亲温暖的拥抱时，会将母亲所有的行为当成是对自己的报复，并想要搞破坏以报复母亲。例如，婴儿会有吃掉母亲的乳房、伤害母亲身体的欲望。

但在孩子逐渐长大后，他就会努力修复自己想象中被破坏的母亲形象。假设看到母亲在笑，他就陷入了自己将母亲修复好的错觉。这种情况在心理学中被称为“修复冲动”。

曾有伤害母亲、欺负母亲的冲动的孩子，之所以会主动帮助母亲洗碗或打扫卫生，就是因为其内心的“修复冲动”。这样的孩子在长大后，会希望在社会上做出有意义的事情，这也源自其想要伤害母亲而产生的罪恶感。

源自罪恶感的“修复冲动”是有意义的，也会被引导成能够为家庭带来幸福的行为。但是这种行为如果超过一定限度，就会变成这样：我们忙碌于家庭以外的事情，表面上是在帮助他人，却因此没能照顾好自己与家人。只专注于社会活动，投身于大义而将家人摆在一边，就是一个例子。

过度执着于某个问题或事情时，人的心里会觉得沉重不安，会掉入连简单的事情都无法完成的恐惧之中。就算只是暂时性的想法，我们也必须摆脱，将注意力转移到其他地方，从比较客观的角度去看待曾经使自己感到茫然的问题。

责任感，人生大厦的坚固地基

一个人有“责任感”，意味着这个人重视自己被赋予的任务，或者有将义务视为重要事项的态度。如果能拥有适度的责任感，他会为了被指派的工作而努力，也能够为自己的人生负责。

没有责任感的人通常分为两种类型：一种是因为没有承担过责任，所以无法对自己、对他人、对事物负责的人；另一种是承担了过度的责任，所以逃避负责的人。

积极获取担负责任的经验

首先来看一下，没能依照自己的能力担负适度责任的人。

恩朱小姐无法对自己造成的问题负责，总是依靠父母解决麻烦。她长大后，不负责任的行为主要表现在经济层面上。她在大学时与朋友一起娱乐，养成了挥霍无度的习惯。当现金花光了，恩朱小姐就会通过刷信用卡来消费。刷信用卡也不行的话，她就会跟朋友们借钱，甚至去借高利贷。最后，恩朱小姐背负了 80 万元的巨额债务。

当债主们开始追债，恩朱小姐就向父母坦白了这件事情。父母在帮忙还债时，多次叮嘱她不要再做这种事情了。然而在这件事情发生后，恩朱小姐的花销并没有减少，每次负债后，她就要靠父母帮忙解决债务问题。直到30多岁，恩朱小姐也没有做出任何改变，父母的忍耐也到了崩溃的临界点。

在父母的逼迫下，恩朱小姐走进了诊疗室。在恩朱小姐分享发生在她小时候的事情后，我才知道她变成这样的原因。

小时候，恩朱小姐每次得到零用钱后都会一次性用光。有想买的、想吃的，她都会忍不住通通买下。虽然妈妈总对着恩朱小姐唠叨“不能乱花钱”，但还是会把零用钱无条件地给予恩朱小姐。这种发放零用钱的方式，剥夺了恩朱小姐为自己的行为负责的机会。

如果恩朱小姐能得到合理使用金钱的锻炼，并对自己的行为负责，事情会变成怎么样呢？如果每当恩朱小姐因为把钱用光而吵闹着想要更多的钱的时候，妈妈硬着心肠不去理会她，那么，恩朱小姐就会学到“人要为自己的选择与造成的结果负责”的道理，也会逐渐养成有规划地赚钱与花钱的习惯。

因为没学会做规划，恩朱小姐对任何事情都是不负责的随性态度，也无法轻易改掉把钱花光的习惯，就算长大了也仍然向父母伸手要钱。没有任何人的一生是注定不会拥有责任感的。那些没有责任感的人大多像恩朱小姐这样，因为幼时负责任的经验不充足，长大成人后也无法对自己的行为以及人生负责。

由过度承担引发的逃避责任

在小时候被要求承担过度的责任，这种人会对“负责”感到痛苦。“你是哥哥／姐姐，所以你要让着弟弟／妹妹”“你要好好表现才能拯救我们的家”“因为爸爸／妈妈不在，所以你要扮演父母的角色”。从小就经常听到这些话的孩子，被迫挑起了沉重的担子，即便他可能无法承担起这个角色的责任。“要像成年人一样宽容”，这种隐晦的压迫是父母给孩子带来的负担，会让他们觉得责任是自己想要挣脱的累赘。这种孩子长大后，也会对负责任感到为难，从而呈现出逃避责任或者忽视责任的行为模式。

来到诊疗室的娴淑小姐，是一位50多岁的平凡的家庭主妇。

在娴淑小姐5岁的时候，妈妈离家出走了，没有任何人照顾的娴淑小姐过得很辛苦，奶奶无数次对她说：“因为你的妈妈离家出走，所以家里乱得不像样。”

爸爸不仅没有照顾娴淑小姐，反而说：“因为妈妈离开了，所以你要开始照顾弟弟妹妹，而且要为大家准备早餐。”要求她按时更换煤炭，并准备餐点。娴淑小姐在咨询的过程中，回想起“自己正处于想玩耍的年纪，却无法脱离厨房工作”的童年记忆，“倒”出了她的委屈与愤恨。

也可能是因为这种经历，娴淑小姐自结婚起，面对家务时都会感到非常苦恼——用过的碗会一直堆放到快要发霉时，才一次性清洗完；一日三餐都是用料理包勉强应付。丈夫不能理解娴淑小姐的行为，要求她多做点家务与可口的饭菜。每当这种时候，娴淑小姐就会把自己小时候做出的牺牲与受到的委屈发泄在丈夫身上。

正是因为娴淑小姐小时候被迫承担起了妈妈的责任，那些痛苦的经历让她无法好好扮演现在的主妇角色。

用成就感浇灌责任感

谈到承担起过度的责任，让我联想起另一位咨询者。

50 多岁的哲熙先生，在小时候曾有过悲伤的记忆。“小时候，我住在山上的贫民村，多次看到村里的大叔们争抢女性并实施性侵。当年的我太小了，没有能力保护那些柔弱的女性，我只想赶快长大，这样才能保护女性群体。”

但在哲熙先生结婚后，他与妻子之间的关系出现了问题。哲熙先生平常对妻子很好，但只要妻子要求他做什么事情，他就开始逃避。尤其是当妻子或者其他女性在自己面前哭时，他就会逃跑，最后竟然落入逃避与妻子相处的境地。

哲熙先生说：“只要看到女性哭，我的内心就会涌现出很强烈的罪恶感，觉得像是我一手造成了这一切。是因为我没能保护好、照顾好这些女性，才让她们因为难过而哭泣。在公司，我只要看到女性职员流泪，就会觉得心痛，如果可以的话，我希望自己尽量不跟女性一起工作。”

哲熙先生为什么会对不是自己做错的事情感到痛苦呢？哲熙先生的无意识里隐藏着要彻底保护女性的想法。正因如此，只要某位女性在哲熙先生面前表现出痛苦或流下眼泪，他就会产生是自己做错事情的罪恶感。仅仅是与那位女性待在同一个空间，他都能感受到强烈的痛苦。除此之外，哲熙先生在家里时也受到想要逃避身为父亲与丈夫的责任带来的折磨。

后来，哲熙先生明白了自己过度的责任感是来自内心深处的罪恶感。在多次咨询诊疗后，他终于找到了可以不被罪恶感与责任感折磨，同时又可以扮演好父亲与丈夫的角色的生活方式。

以前只要妻子哭着诉说那些使她感到难过的事情，哲熙先生就会发牢骚说：“所以你要我怎么做？”然后转身离开。但是，现在他可以安静地在一旁倾听妻子说话。因为丈夫可以微笑着听妻子说话，并理解她的心情，所以妻子也能够马上消解内心的负面情绪。

从哲熙先生的例子中，我们不难得知，小时候承担了过度的责任的人，反而会在成年后无法承担责任，最终变成一个没有责任感的人。

父母应考虑孩子所处的成长阶段，给予孩子适度的任务，并

等待孩子完成这些任务。当孩子完成了符合自己年龄段的任务，他就会获得成就感，这种成就感也为日后培养其责任感打好了基础。

像这样在成长过程中感受到适度责任感的孩子，长大后也会为自己的人生与家人的幸福负责。无论被给予什么样的任务，他都会带着信心与责任心，坚持到最后。

Part / 5

成熟的人，懂得接受翻涌的情绪

与其纠结自己犯下的错，不如用“没关系，任何人都会犯错”的心态包容并安慰自己。接受自己是会犯错的不完美的存在，反而能够成为对自己的选择负责并拥有人生主导权的人。

对话恐惧，解读威胁感的密码

在受到威胁或是面临恐怖的情况时，人会感到害怕是非常正常的事。但有些人实际上没有受到威胁或只是受到了少许威胁，也会感到非常害怕或畏畏缩缩。这是什么样的心理在作祟呢?

恐惧诞生于不安，不安源自想象

恐惧诞生于不安，不安来自对接下来会发生什么事情的想象。实际上什么事情都不会发生，但有些人会因为自己的想象而感到害怕。如果一个人在生命初期经历了强烈的恐惧体验，那么他长大后也会因为非理性地想象事情会再度发生而感到害怕。

俗话说："一朝被蛇咬，十年怕井绳。"我们在体验过恐惧后，会有将该经历内化为精神世界一部分的倾向。例如，被有胡须的男人性侵过的女性，只要看到有胡须的男性就会感到害怕。这种反应的背后，隐藏着对自己的存在价值是否还在的担忧，以及怀疑自己是否遗失了重要事物的恐惧。

通常来说，女性会因害怕被遗弃而恐惧。所以在与男性建立关系时，女性会想办法不断地确认对方是否真的爱自己。

那么男性呢？男性害怕被他人看成是没有能力的人。所以为了使自己的能力被他人肯定，他们会过度执着于工作，或者想要通过努力获得金钱与名誉。甚至，某些男性偶尔会想要用暴力这种原始的方法，强迫他人认可自己是有能力的人。

恐惧的根本原因与外显性表现

不安会以各种方式被呈现出来，这里以弗洛伊德治疗汉斯的案例辅助说明。

弗洛伊德曾经治疗过一个患有广场恐惧症（agoraphobia）的孩子，名为汉斯。只要置身于类似广场的宽敞空间，汉斯就会感到非常害怕。其实，汉斯正在经历恋母情结（Oedipus complex）的其中一个阶段，即“去势不安”（anxiety of castration）。

去势不安是指在男孩小时候经常产生的一种不安情绪，简单来说，就是一种害怕自己的性器官被阉割的恐惧。小男孩想要霸占母亲的爱，但同时又知道母亲是父亲的伴侣，所以不能将她占为己有。

这时，孩子会在幻想的世界中，将父亲的性器官“变成”自己的，同时产生让父亲从这个世界上消失的冲动。在这个过程中，小男孩的心中会因为自己极具破坏性的幻想而产生父亲可能会杀害自己的不安，即出现害怕被“去势”的恐惧，这就是所谓的去势不安。

弗洛伊德察觉到，汉斯正经历的去势不安症状与广场恐惧症有紧密的关联，他决定探究造成汉斯产生去势不安的真正原因。

在咨询过程中，汉斯从说“马车很恐怖”到“马的性器官很恐怖”。

这个变化引起了弗洛伊德的注意，由此弗洛伊德找到了引发广场恐惧症的真正原因。汉斯看到马勃起的性器官后，产生了害怕自己的性器官会被阉割的恐惧，因此无法待在有马匹游走的广场上。也就是说，汉斯并不是害怕广场，而是因为内心的去势不安，使他无法待在有马匹游走的空间。

为孩子打造“安全型依附”

鲍比觉得，引起恐惧的根本原因是养育环境给孩子带来的安定感不足。依照鲍比的理论，父母用爱来照顾孩子，并建立适度的依附关系，孩子会体验到“安全型依附”。安全型依附的经历是让孩子能够在未来融入社会的心理根基。

与安全型依附关系相对的是“忽视型”“执着型”“混乱型”的依附关系。如果孩子在与父母相处的过程中，无法形成安定型依附关系，他的心里就会产生恐惧。不安定就意味着不被爱，不被爱则意味着会被遗弃，同时也意味着可能会死亡。

从大脑生理学观点来看，能引起婴儿恐惧的杏仁核“恐惧回路”

(fear circuit)，在婴儿出生时就已经成熟了。当婴儿感觉非常饿或者周围有很大的声响，让其陷入可能会死的恐惧时，婴儿会通过哭泣或者大声吼叫来保护自己的性命。哭泣或大叫的行为，是他为了活下去而发出的紧急信号，也是非常自然的人类反应。

但是，如果一个人经常受到恐惧感的侵袭或者在没有危险的情况下依然感到害怕，那么这个人想在人际交往中建立深度关系就会十分困难，其日常生活也会受到非常严重的影响。

关注、治愈心理创伤

30 多岁的贤旭先生，因为饱受内心恐惧的困扰，而选择来到诊疗室寻求帮助。

贤旭先生在其他人面前无法正常说话。在咨询的过程中，贤旭先生回忆起自己在读小学时，因为无法正常朗诵语文书里的内容而被老师打耳光，这是一段令他感到羞耻且委屈的记忆。

期望自己在他人面前有好的表现但没能做到、自己的主张没有被他人接受、自己在社交活动中被忽视等不好的经历，与老师不恰当的行为碰撞在一起，导致贤旭先生在成年后依然害怕与他人交谈或发表自己的意见。换句话说，他害怕暴露出令自己感到羞耻的一面，或者害怕受辱的经历可能会再一次重现，这些恐惧使贤旭先生无法正常与他人沟通。

结论是，这种恐惧里隐藏着人们害怕自己被拒绝、被遗弃的担忧。用更概括的语言来表达，即人的内心如果有很强的恐惧意味着自我的弱小，自我的弱小归因于其在不安定与存在不足的养育环境中成长。

因此恐惧感很强的人需要回头看一下自己小时候的经历，看看小时候的自己是否得到了父母或他人足够的照顾与关心；同时也需要观察一下自己成年后的生活，看看不安定的或者强制性的依附关系模式是否还在反复出现。

与无力感抢夺人生主动权

刚满30岁的世婷小姐初次来到诊疗室时，肩膀似乎要垂到地面上了。

世婷小姐陷入了绝望。她既因自己无法做好任何事情而感到无力，又没有可以继续好好过日子的自信。

在家里的三姐妹中排行老二的世婷小姐，从6岁开始就必须照顾酗酒的父亲。父亲只要一喝酒，母亲就用自己要出去赚钱的理由离开家，大姐则是说自己要去见朋友然后就出门了。老三因为太小所以无法照顾父亲。于是，帮父亲跑腿或者听他发酒疯，很自然地就变成了世婷小姐的责任。

世婷小姐照顾父亲、承受着父亲发酒疯时的谩骂，母亲却只是批判她做得不好，从未安慰过世婷小姐。喝醉酒后回到家的父亲，总是让年幼的世婷小姐帮他按摩，每次都持续两小时以上。每当这种时候，母亲也只是嘴上说着“快把孩子给累死了”，但并没有在行动上阻止父亲。某一天，父亲离开家后就再也没有回来。

此后，世婷小姐继续照顾妹妹，并完成家务。面对不像其他孩子那样贪玩、总是很懂事且努力分担家务的世婷小姐，母亲却说："都是因为你，你父亲才会喝更多的酒、才会离家出走。"她无情地将造成所有不幸的原因，都转嫁到世婷小姐身上。

这种事情反复发生几次之后，世婷小姐也认为都是因为自己没能好好照顾父亲，所以他才会离家出走。她认为自己无法做好任何一件事情，因此开始产生"无论我怎么努力，结果总是会被责骂"的错误观念。

另一方面她又觉得，如果自己能再努力一点，或许就能得到母亲的认可了。因此，她不仅咬着牙做好家务事，还把学习的事情处理得很好。但是直到现在，母亲从未对从小时候起就要全权处理家事，同时还要负责照顾父亲的世婷小姐说过任何一句感激的话。反而总是批评她做得不够，这些批评折磨着世婷小姐。

长久置身在禁锢中，就会自动营造出被禁锢的情形。母亲与世婷小姐分别成了"不认同女儿的妈妈"与"一直不放弃努力想得到母亲认可的女儿"。

故事没有到此结束。

长大后有了男朋友的世婷小姐，因为希望母亲也能喜欢自己的男朋友，因此将自己与男友的事情详细地告诉了母亲。但是母亲一如往常地开始挑毛病，每当母亲开始这么做时，无论自己有多么喜欢对方，世婷小姐都会快刀斩乱麻般结束那段感情。

到了26岁的时候，始终渴望得到母亲认同的世婷小姐，终于开始怀疑人生。她以寻找人生意义为借口，开始与已婚男人交往，只要对方愿意，则不管自己喜不喜欢都与对方交往。但是，世婷小姐总是会遇到虐待她的人或者利用完就抛弃她的人。

她也曾与离了婚的男人租房同居过。男人总是监视着世婷小姐的一举一动，并试图控制她。每次世婷小姐出去跟朋友见面，或者要去买东西，那个男人就会责骂并殴打她。隔天，又会买衣服弥补世婷小姐，道歉并安抚世婷小姐。

一方面，世婷小姐想要摆脱执着于自己的男人；另一方面，世婷小姐又被“他是因为爱我才会这样吧”的想法紧紧束缚。就好像小时候被母亲丢进了必须照顾酒醉父亲的环境一样，现在，是世婷小姐亲手将自己丢进了被男人制约与监视的环境中。

世婷小姐过着颓废的生活，知道了这件事情的母亲与姐妹们选择报警，然后将世婷小姐带回家。但是，世婷小姐已经失去了活下去的动力，深深陷入无法相信自己的判断与想法的状态里。虽然世婷小姐从一开始就没有什么自信，但这件事发生后，她心中相信未来会变更好的希望也完全消逝了。一直以来她都想得到母亲的认同却没能如愿，想要借着自己的力量努力生活，但终究也失败了。

世婷小姐觉得是自己的决定导致了自己的失败，对母亲的依赖也变得更深。越是这样，母亲就越强迫世婷小姐依照她的意思生活，甚至不允许世婷小姐离开家。

“你出去除了闯祸还能做什么？你就这样待在年老的妈妈身边吧。”这句话变成了妈妈的口头禅。

母亲就如往常一样，没有将女儿的话听进去。她并未尊重已经成年的女儿，而是以保护为借口控制着女儿的一举一动。世婷小姐就像宠物一样被绑在家里，只有跟着母亲散步时才能短暂地接触到外面的世界，这让世婷小姐变得越来越无力。

自恋型父母的孩子更易产生无力感

世婷小姐的母亲属于典型的有强烈自恋倾向的人。这种类型的父母会将孩子当作凸显自己的装饰品，不尊重也不认为孩子是具有独立人格的个体。相较于给孩子关心与称赞，这种父母反而希望自己的话语和行为能被孩子认同。

在这种父母的教养下成长的孩子，长大后也会被深深的无力感与内心的空虚感所折磨。因为他们的人生变成了父母的附属品，所以他们没有自主完成事情的勇气。

在动画电影《魔发奇缘》(Rapunzel) 里，以母亲的身份抚养主角乐佩的女巫就属于这种类型。她将拥有魔法长发的乐佩关在高塔里，通过抚摸乐佩的长发，维持自己的青春美貌。

如果放任乐佩到外面的世界闯荡，女巫就无法满足自己的欲望。所以女巫用“妈妈爱你，所以会唱歌给你听，也会给你食物。外面的世界是非常危险的，你要留在这里接受妈妈的保护”这样的话将自己的欲望包装成爱，摧折乐佩的意志。

除此之外，还有很多童话可以让我们窥见父母与孩子之间的无意识心理关系——《灰姑娘》《糖果屋》《白雪公主》都是此类具有代表性的童话。

这些童话大多通过设置继母欺负孩子的情节，凸显负面的母亲形象。故事中的母亲并不把孩子当成需要被尊重的独立主体，而是将孩子当成实现自己欲望或突显自己形象的道具。

露出微笑，展现认同

从小就没有得到父母或者他人的称赞与认可，任谁都会产生无力感。严重的无力感会导致人患抑郁症。被诊断出患有抑郁症的咨询者都曾提到，在他过去的记忆里，母亲没有一次看向自己时是微笑的。

父母看着孩子时开心地微笑，等同于认同孩子的存在并尊重孩子。这样做孩子会因为自己能让父母开心而感到满足，并确信自己的存在价值。母亲无尽的包容与温暖的微笑，能让孩子觉得自己已被这个世界所接受，确信自己的存在会给世界带来正面的影响。

对孩子微笑绝对不是什么困难的事情。要记得，如果能展开笑颜欢迎并认同孩子，孩子也会成为可以认同他人的人。

治愈“选择恐惧症”的决断法则

优柔寡断指一个人做事情时犹豫不决、无法下定决心。我们的人生是无数选择的延续，站在需要做出选择的十字路口时，经常发生无法做决定的情况，真是令人烦闷。

无法做决定的人，内心潜藏着怕被责难的不安，并怀有自己的决定不被接受的话该怎么办的恐惧，隐藏着不想为决定负责的逃避心理。

以责任感打败优柔寡断

优柔寡断的代表人物是“妈宝”。这种人生性柔弱，觉得自己没有能力为自己的人生负责，他们无法自己决定任何事情，将责任都推给妈妈。从小就过着妈妈帮自己决定一切的人生，所以他们无法想象自己也能做决定是什么样。

相反，无论做什么决定，都能确信自己会对结果负责的人，就不会优柔寡断。举个例子，在公司或组织里居于主要责任位置的人，就不会在做决定时感到困难。这是公司的代表或者组织的领军人可以快速做决定的原因：在个人的自律性与独立性得到保障时，优柔寡断就会消失。

开启“分离与个性化”过程

一个人在出生后6—24个月的时间里，会形成自律性与独立性。这段时期也会很自然地开启“分离与个性化”（separation & individuation）过程，以利于孩子今后独立成长。相反地，如果无法完整经历这个过程，孩子会无法脱离对父母的过度依存。

依照玛格丽特·S. 马勒[①]所言，幼儿出生后的6个月是“共生期”(symbiosis)。在这个时期内，当母亲给予孩子充足的爱，孩子会很自然地进入对世界进行探险并挑战不可能的“练习阶段”。

到了练习阶段，孩子会正式与母亲分离，开始自主决定某些事情。为了让孩子迈出走向世界的第一步，母亲必须在共生期给予孩子充分的爱。之后，孩子会将母亲看作坚固的后盾，正式开始探险与挑战不可能。

没能完整度过共生期的孩子，不会关心这个世界，反而会想要缠着母亲。他们的身体与精神的发育处于迟缓状态，长大成人后也会停留在“成年孩子”的状态。这样的人会选择逃避责任，将所有事情的责任都转嫁在父母身上，或者渴望得到父母的认同与赞赏，成为长大了也无法离开父母的人。

---

① 玛格丽特·S. 马勒（Margaret S. Mahler），匈牙利精神科医师，对订立“分离与个性化”的过程与理论有所贡献。

在亲子关系中映射的优柔寡断

在优柔寡断型父母的养育下长大的孩子，成为做决定或做事时优柔寡断的人的概率也很高。父母因为感到恐惧（这里所谓的恐惧包含了心理层面的恐惧和对外部环境的恐惧）而表现出优柔寡断的态度时，孩子会将父母内心害怕的东西也放进自己的内心，也就是产生“内摄”。其结果是，孩子会在不自觉中拥有与父母类似的人生态度。

内摄是发生在无意识层面的事情，与父母或孩子的意志无关。为了阻止父母的内在意识成为孩子的无意识，必须先治愈父母内心的创伤，才能让创伤不要转移到孩子身上。

挣脱完美主义的禁锢

具有完美主义倾向的人，做事情时也会优柔寡断。

他们越是想要完美地完成一件事情，就越会因为害怕而没有办法做任何决定。就连为琐碎的小事情做决定时，他们也会因为害怕而发抖。一旦发生什么闪失，他人的批评固然可怕，自我批判更令他们恐惧。一个人内心总是反复出现害怕被批判的情绪，就会养成无法做决定的个性。

这时，这类人最需要的就是承认并接受错误，用“犯错也没关系”的心态安抚自己，就可以脱离优柔寡断的性格。如果能够直面可能会因为犯错而被批评的恐惧，并拥抱这份恐惧，我们做事犹豫不决的情况就会减少。

某位咨询者对任何事都抱着绝对不能吃亏的想法，因此，她买一件东西通常需要耗费6个月以上的时间。她会详细地考虑并研究购买的意义，还要再犹豫一阵子才会决定是否购买，也常常在购买后立刻感到后悔。这位咨询者的信念是：吃亏的自己像个笨蛋。

有人能够过上从不吃亏的生活吗？人总会有莫名其妙要花钱的时候，也会有花冤枉钱的时候，所以才会有“花钱学习人生”这种说法。生活中不是只有完美的好事，也会有错误的或是不好的事情发生。

这种时候要想“这种事情也很正常吧”，然后接受当下的自己。紧抓着“人不能犯错”的观念不放，反而会犯下意料之外的错误。

接受不完美的自己

可以说，有不少人希望通过做出完美的决策来避免被他人批评。为了做出完美的决定，我们首先需要花时间思考“什么是完美的决定”，因此做决定的时间会变长，犹豫不决也会消耗我们内心的能量。结果就是，他人会批评我们是个什么决定都不能做的、优柔寡断的人。

过度执着于不要吃亏，反而会损失更多的时间与精力。为了不被批评反而遭到批评，为了不要有损失反而遭受更大的损失，没有比这更冤枉的事情了。

要怎么做才能摆脱优柔寡断呢？

如果一个人总是将自己当成完美的存在，就无法接受犯错或失败的自己，也因此想要逃避。他认为要抹除掉错误与失败的痕迹，自己才能变得完美。

因此，与其想要将所有的事情都做得完美，不如学会用“没关系，任何人都会犯错”的心态包容并安慰自己。接受自己是会犯错的不完美的存在，反而能够成为对自己的选择负责，并拥有人生主导权的人。

掌握调节不安的“情绪遥控器”

不安就像是提醒我们适应现实的警报器，为了缓解不安，我们会想要规划好自己的人生。个体在发生危险的事情时感到不安，其实是为了保护自己，这是非常自然的现象。

但是，即使没有处于危险的情况下，人也会持续感到不安，这是怎么一回事呢？有些人总是抱有类似于“会不会有人在骂我”“感觉有什么事情要发生了”的想法，这是一种将他们推入痛苦的、不健康的不安感。

不安不会因分享而减半

几年前我在诊疗室里接到一通电话。50多岁的淑子小姐说：“女儿给我下了最后通牒，再也不会和我相见了，我到底该怎么办？”

厘清了事情的原委，我发现问题不在女儿，反而在淑子小姐身上。

淑子小姐总是感到不安，她担心读大学的女儿会出交通事故、会被坏人绑架或性侵，所以她使用手机定位服务追踪女儿的行动。女儿出门上学时，淑子小姐就打电话询问她是否平安抵达学校；女儿出门旅游时她也会询问为什么要去这里、是否安全抵达。为了确认女儿的安全，淑子小姐一天内要给女儿打好几通电话。

每当这种时候，女儿就会生气地请妈妈不要再打电话来了，直到不久前，女儿终于决定完全断绝与母亲的来往。

淑子小姐为什么会做出这样的行为呢？她无法调整自己的情感、抑制自己的不安，反而想要通过控制女儿来减轻这种感受，希望女儿为她的不安买单。这样的行为就好像一个人的手受伤了，却将药涂在别人的手上。

或许有人会觉得，为了减轻淑子小姐的不安，身为女儿或许应该配合一下。但现实情况是，女儿可以配合几次，却并不能解决根本性的问题。因为淑子小姐的不安不是由女儿造成的，这是该由她自己解决的问题。

大多数人的父母通常会在自己感到不安时，做出与淑子小姐类似的事情，然后找借口说是因为担心孩子。可是这真的是为了孩子好吗？

再次回到这个案例。淑子小姐通过咨询服务直面自己内心深处的不安——一段充满了强烈的恐惧与不安的童年回忆。

小时候，淑子小姐的父亲不在家，淑子睡觉时被妈妈的尖叫声吓醒，醒来后她发现竟然有一个用粗糙野草衣蔽体的女性站在她们的房间里。

淑子小姐想起这个有可能会伤害自己的疯女人，想起当时令她不寒而栗的记忆，开始痛哭，隐藏在她内心深处的不安随之浮出水面。通过咨询，淑子小姐学会了控制自己内心的不安，终于摆脱了因不知道女儿在哪里、在做什么而产生的不安，也改掉了每时每刻给女儿打电话的习惯。

停止主动制造不安

不安源于对他人可能会批评自己的恐惧，在有些人看来，被批评与被攻击是没有差别的。如果他们小时候有被遗弃或被拒绝的经历，当他们被攻击时，不安就会进一步放大。

孩子会因不知道父母什么时候责骂他、什么时候吵架而坐立不安。当父母的情绪起伏大或者无法预测父母的心情时，孩子会因面临随时有可能发生变化的环境，而持续暴露在不安当中。

持续暴露在不安中的人，也会在日常生活中有意识地制造出不安的情况。当这种感受强烈到不受意识控制时，这类人就会人为制造出可以意识到的不安环境，即制造出意识层面可以控制的不安，他们试图用可控的不安掩饰无法控制的不安。

咨询者俊浩先生因为生活中的问题而来到诊疗室，他说："我有外遇的事已经被妻子发现四次了。"俊浩先生的问题不仅仅是有外遇，"在职场上，我总是因怕被主管指责而提心吊胆，也因担心待我友善的人会在某个瞬间翻脸批评我而终日惶惶。"

我尝试着理解俊浩先生小时候的事情。俊浩先生的爸爸要求他每天写日记，如果爸爸的心情好就不会检查他的日记，如果爸爸当天的心情不好就会检查日记。这样的事情经常发生——爸爸发现儿子的日记没有写好，就严厉地责骂并体罚他。

后来演变成，俊浩先生明明已经感到不安却选择不写日记，开始适应起"父亲检查日记但自己没有写然后被责罚"的不安。直到现在，俊浩先生经常因为在日常生活中感到莫名其妙的不安而过得非常辛苦。

在做咨询的过程中，俊浩先生依旧与别的女性保持联系，同时也因害怕被妻子发现而表现得非常不安。

我说："俊浩先生，你为了摆脱不可控的不安，所以人为制造出使自己不安的情况。"

俊浩先生沉默了一下，然后回答："好像真的是这样，我也不是很想念或好奇对方的近况，只是下意识地给她发消息。天啊……原来我真的是这样。"

如此，通过一点一点观察自己的行为，俊浩先生逐渐减少了主动制造不安的次数。

以夸大的行动作为保护自己的手段

恐高症也属于不安的一种表现症状。从精神分析学的角度来看，恐高症是人因为害怕而自己惩罚自己或是害怕自己担心的事情会实现的不安表现。

大多数孩子都幻想过像超人一样披着斗篷从高处跃下，然后在空中飞翔的场景。如果一个人在成年后，内心还残留着儿时的幻想，他就会有想要从高处跳下去的冲动。但在现实生活中，我们知道，一个人从高处跳下去可能会死，所以会对自己想跳下去的想法感到不安。如果不安感非常强烈，人的内心就会充满恐惧。所谓的恐高症，就是通过产生强烈的不安，以压抑脑海中想要跳下去的冲动来保护自己。

安抚内心的恐惧与不安

不安是从幼儿期开始产生的非常自然的人类情感之一。养育者，也就是父母，在婴儿感到不安时如果能做到好好安抚孩子，婴儿也就可以远离不安感。

然而，如果父母无法提供安定的养育环境，也无法安抚婴儿内心的不安，婴儿在长大成人后则会无法自主调节内心的不安感，严重时甚至会产生恐慌症（panic disorder）。

随着长大，我们能从父母处得到的保护越来越少，所以学会自己安慰自己、抚平自己内心的不安是很重要的事情。如果能够自己安抚内心不安与恐惧的心情，这种感受就会慢慢减少。如果你发现自己很难做到，可以选择请求他人帮助。我们周围总是有愿意提供帮助的人在等待着我们，让我们怀着这种信心请求他人的帮助吧。

享受美好生活，解锁幸福人生

许多咨询者都会说：“我想要得到幸福，却做不到。”每当这种时候我都会反问：“你真的想要过得幸福吗？”大部分人都无法回答我的问题，因为他们不能确信自己是否真的想要过上幸福的生活，也不曾思考幸福对自己来说到底有什么样的意义。

还有一个更重要的原因：平时无法感受到幸福的人，在无意识层面上也不想拥有幸福的生活。大多数人都梦想着能得到幸福，为什么他们会不想要幸福的生活呢？

幸福源自意识与内心的双重期盼

咨询者小英小姐遇见自己心仪的男性时，会想尽办法让对方喜欢上自己。随后又让对方觉得和她在一起很痛苦，并让对方主动离开自己。

我观察了小英小姐的内心世界，发现她的内心隐藏着自己不应该幸福的想法。她在意识层面上急切地期盼着自己能够幸福，但她的内心却害怕并拒绝获得幸福。

“我曾在几年前照顾生病的母亲，因为实在太辛苦，所以有过‘如果母亲死掉就好了’的想法。然而，一个月后，我的母亲真的过世了。”小英小姐深受打击，总是流着泪说自己是罪人。

因为被强烈的罪恶感折磨，小英小姐开始无意识地惩罚自己，她不断地告诉自己：我不配感受美好的幸福。

“我是邪恶的人，所以不配拥有幸福。”

“我理应接受惩罚，我的身边不可以有好事发生。”

有一次，小英小姐的姐姐说：“我的女儿也像你一样，长得很漂亮。”小英小姐却大声地对姐姐吼叫，让她再也不要说出这种话。

姐姐的话让小英小姐产生了可能会破坏外甥女幸福的恐惧感。像小英小姐这样内心充满罪恶感与不安的人，会努力地与幸福保持距离，最终让自己变得不幸。

由不幸事件交织而成的痛苦

某一位咨询者说：“我如果舒舒服服地躺在床上，就会想起在乡下受苦的母亲，然后就会立刻从床上起来，尽可能一直找事情做。”

这种持续的内疚与自我惩罚，正在将咨询者推向与幸福背道而驰的方向。

40 多岁的英哲先生因为酗酒选择来到诊疗室做治疗。英哲先生的职业是鉴定评价师（不动产鉴定师），妻子也从事同样的工作，所以彼此间有很多共同话题，并且家庭经济相当宽裕。但他们两人都因为经济困难的父母与兄弟而承担着庞大的压力，过着离幸福尚有段距离的生活。

每当哥哥闯祸或者被抓进警察局时，英哲先生就要负责为他善后，并为年迈且生活困难的父母提供生活费。英哲先生问自己："为什么只有我要这样？"他怀疑自己的生活方式并感到愤怒，但又认为除了自己之外，没有其他人可以为家人负责了，所以英哲先生选择一直帮助他们。但这让英哲先生的内心变得越来越痛苦。

英哲先生认为如果自己什么都不做，就没有尽到作为家人的责任，没有尽到责任的罪恶感会让英哲先生内心的痛苦变得更强烈。

为了忘却痛苦，英哲先生开始喝酒。至少在醉酒期间，英哲先生可以忘掉繁杂的事情，让自己感觉到生活在变好。他还会把钱花在声色场所，甚至到了开始瞒着妻子借钱的地步。雪上加霜的是，英哲先生因为经常醉酒疏忽了本业，最后落到保不住饭碗的窘境。

英哲先生落到如此境地，虽说会让他觉得更痛苦，但其内心某处却有种说不上来的爽快与轻松。这样短暂的愉快能帮他从压力与责任感中解放出来，即使是通过自我毁灭的方式，英哲先生也想从压迫自己、折磨自己的现实中逃离。

设定人生界限

遗憾的是，问题并没有被解决，英哲先生也只是暂时摆脱不幸而已。很快，没有尽到身为儿子、身为弟弟的责任的愧疚感再一次缠上了他。为了忘却这份愧疚感，英哲先生又进入了酗酒的恶性循环。

英哲先生的例子说明，无法在父母与兄弟之间划下必要的界限，就无法守护自己的幸福。

所谓界限，指区分可以做与不能做、应该做与不应该做的基准线。如果这个界限模糊了，人就很难守护自己的人生与幸福。

界限不明确就跟做了连带担保一样。明明不是自己欠下的债，却要帮忙偿还，长此以往，我们会陷入不知道今后到底还要帮忙还多少债的荒唐境地。就算成为连带担保人，如果能设定担保的限度，我们至少可以少受一点牵连，但如果没有限度，我们就会因为不知道到底该还多少钱而感到茫然无措、痛苦不堪。

在遇到要求过多的父母与兄弟时，我们人生的界限也会崩塌，自己的人生变成从属于家人的人生。想要随意控制孩子时，父母最常使出的手段，就是唤起孩子内心的罪恶感。

“你怎么可以这么做”“也不想想我是怎么把你拉扯大的”等，一些父母常用这种话让孩子为了顺应自己而改变，满足自己的欲望。

如果一个人太在意他人的看法，或者过着被父母操控的傀儡般的生活，那么他就跟行尸走肉没有两样。

人只有在掌握了人生自主权之后，才能感受到幸福。为了守护自己的幸福，人要在自己与他人之间设定好明确的界限。尤其在与父母的关系中，更要恰当地划出自己身为成人的界限。

你拥有选择幸福的权利

一个人内心的基准或固定观念越多，离幸福的人生就越远；“要这样做”“要那样做”的准则越多，内心就会产生更多的分歧与愤怒，并开始折磨自己与他人。例如，心里想着“是儿媳妇就理应如此”的婆婆，当儿媳妇没能配合她的想法做事时，会有想要控制并责骂对方的心情。

幸福是从相信自己可以幸福生活的自信与选择幸福的决心开始的。虽然人们常说，幸福就在我们心中，但很多时候，我们却无法为了自己的幸福而做出选择。

我们有选择幸福的权利，也有权利拥有可以幸福生活的信心。现在有阻挡你拥有幸福的事情吗？如果有，那么你就要好好研究一下阻碍是从哪里来的，并坚守自己的人生界限，为了找到属于自己的幸福而努力。

Part / 6

修复尚未愈合的心理创伤

为了能真正原谅他人，你要先拥抱自己的创伤。在伤口修复后，等待能够原谅对方的时刻到来。如果有“我为什么要原谅他”的疑惑，那就表示你的内心还有尚未愈合的伤口。

拒绝，是交往中的一门艺术

拒绝他人不是件容易的事情。因为当一个人拒绝对方时，他可以预见未来对方也会拒绝他。尤其对常被他人称赞是好人的人来说，拒绝他人是件非常困难又尴尬的事情。对那些强迫自己当好人，或是非常在意他人评价的人来说，拒绝他人更是一件令他们感到非常困惑的事情。

但若无法拒绝该拒绝的事情，就会对我们的日常生活造成很大的影响，使我们也很难主导自己的人生。

“好人”情结

50多岁的银淑小姐，正是因为无法拒绝家人的请求而让自己陷入困境。

任子说自己出了车祸，急着需要很多钱，所以银淑小姐将52万元借给了任子。借款金额庞大是个问题，但任子能否偿还却是更大的问题。结果，任子非但没有感谢银淑小姐，甚至在她生日时连通电话都没打来，这让银淑小姐觉得很心寒。虽然心里想着：

“如果身为姑姑的我不照顾他，那又会有谁照顾他呢？”并忍耐着不满，但她还是越来越难过，认为侄子的行为很可恶。

1 年以后，侄子又联系了银淑小姐，说因为那次的交通事故，自己的生活变得很辛苦，苦苦哀求后又从银淑小姐这里借走了 100 元。虽然银淑小姐依旧觉得侄子很可恶，但又认为他实在可怜，所以又借钱给他。

不帮侄子的忙，会让银淑小姐的内心充满罪恶感；帮忙之后，她又觉得自己被侄子利用了。这种进退两难的境地让她感到很痛苦。她觉得侄子只有在收到钱时会向她表达感激，在那之后连个影子都见不着的行为非常可恶。在犹豫了好一阵子之后，她想，“侄子可能真的过得很辛苦吧”，所以将 100 元借给了侄子。但是侄子收到钱之后再一次音讯全无，银淑小姐又一次感受到了极大的失望。

“坏人”情结

银淑小姐为什么没能拒绝侄子的请求呢？她说：“若拒绝帮助侄子我会感觉自己没有尽到责任，应该做的事却没有做到，我的内心会充满罪恶感。”在这种人的内心深处，隐藏着害怕被他人评价为坏人的不安。

相反，也有在无意识中将自己当成坏人的人。也就是说，他们认为自己做错了某件事并在心中产生负面感受。这种人为了隐藏“自己很坏、没有用”的感受，便“封锁”住任何让自己被视为坏人的言语与行为。因此无论对自己而言是多么难以满足的请求，他们都无法拒绝。

更进一步来说，他们会觉得，如果自己变成帮助他人的善良的人，就可以隐藏自己的缺点。即使对他们来说，那是很难办到的事情，他们也理所当然地认为自己一定要帮助有困难的人。这就是“不太能拒绝他人”的心理。

不能拒绝他人的人有问题，但对他人提出过分要求的人也有问题。过度要求他人的人会给予对方心理压力，强迫对方帮忙解决自己无法解决的事情。他们尤其会对不能拒绝的人施予压迫，诱导对方来帮助自己。

在因无法拒绝他人而感到难过的人身边，总会有几个习惯提出过分要求、给他人带来困扰的人。如果你觉得自己是不太能拒绝他人的人，那么你就需要观察一下，自己的身边是否有这样的人。

因无法拒绝而背起了重担

40 多岁的正哲先生不曾对他人说过不好听的话，也无法拒绝他人。这种个性，让正哲先生与岳母的关系产生了问题，因此他来找我咨询。

岳母是位花钱如流水而且债台高筑的人，因此她必须搬离现在住的地方，换到更小的房子。在找好合适的房子、准备交钱签约时，岳母发现事情的发展不如预期的那般顺利。因为不太方便跟女儿说，岳母就把女婿正哲先生偷偷叫出来，拜托他帮忙筹钱。

正哲先生以自己没有多余的钱为理由拒绝了岳母，但岳母苦苦哀求他，说自己一个月后一定可以筹到钱还给他，所以求他一定要帮忙周转一下。无可奈何之下，正哲先生以一个月后一定将钱偿还为前提，向两位朋友借了钱再转交给岳母。但一个月过去后，岳母没有还钱，正哲先生反而需要向另一个朋友借钱，来偿还之前借的钱。

明明自己没有余力，却替他人背负起重担，就是因为他无法拒绝别人的请求。正哲先生想要扮演好女婿的角色，理所当然觉得要帮家人，才引发了这样的问题。

无法在可以做与不可以做的事情之间建立适当的界限，明知别人求助的事已经超出自己的能力范围也要伸出援手，会让给予帮助的人与被帮助的人都陷入痛苦。

在合理的界限内保护自己

坐飞机时，为了应对紧急状况，空姐会向大家介绍氧气面罩的使用方法。说明的内容中有一段是“监护人要先把自己的氧气面罩戴好，然后再帮助有需要的人戴上氧气面罩”。这是在告诉我们，在帮助他人之前，要先保障自己的生命安全。

建立合适的界限对自己与他人都有益，遵守界限的行为中最重要的就是学会拒绝。“界限”在人生中扮演着守护堡垒的角色，分明的界限使人们在守护自己领域的同时也能尊重他人的领域，这就是界限能够发挥的作用。

个体的能力是有限的，需要彼此帮助才能生活得更好。但是如果你自认为“对方应该知道界限，所以他会遵守界限”，然后期待对方自律，其实是一种很愚蠢的想法。即使别人向你求助的事情会让你陷入困境，甚至会破坏你的人生，你也想要帮助别人，这同样也是很愚蠢的行为。

只有在合适的界限中保护自己，才能与他人建立起健康的、长久的关系。要记得一件事，拒绝越界行为，就是守护人生的主导权。

无法责备他人，是一段漫长的内耗

我很意外，有很多人因为害怕与他人发生冲突或受到他人批评，而不敢责备他人。遇到这样的咨询者，我们之间会有如下对话。

咨询师："如果你责备了他人，那会发生什么事情呢？"

咨询者："人们会讨厌我吧。"

咨询师："然后会发生什么事情呢？"

咨询者："他们会离开我。"

打破爱的贪念

因害怕他人不喜欢自己、会攻击自己而感到不安的人，不具备责备他人的能力。这种人会在内心世界呐喊："我应该得到所有人的爱和所有人的肯定！"

人不是神，想要得到所有人的爱与尊重是不可能的事情。而"无法责备他人"正是想要被所有人爱的贪念导致的。

为什么他们想要得到所有人的爱呢？

这类人在没有得到他人认可时，内心会感觉空虚，会认为自己是欠缺了某种东西的个体。如果空虚的感觉过于严重，他们就会为了填补它，而做出“过度补偿行为”，即期望所有人都能无条件地爱自己、肯定自己。

别再全盘接收他人的怒气

汉秀先生与妻子在性生活方面存在障碍。汉秀先生已经看了一年以上的性医学门诊，检查了性功能，也学习了与妻子进行性行为的方法，但没有任何效果。汉秀先生痛苦地表示：“我的身体没有任何问题，却无法与妻子发生性关系。”

他们之间发生了什么样的事情，彼此间才变得无法分享爱呢？在进行单独咨询时，我得知了一件事情——汉秀先生在与妻子共同生活的过程中，一次都没有对妻子大吼大叫过，更没有责备过她。

其中一个原因是，汉秀先生在结婚前经常出入声色场所。这件事情在结婚后被妻子发现，她受到很大的打击并开始责备汉秀先生。汉秀先生的妻子与他说话时，如果她忽然感到生气，不管他们在哪里，她都会大声尖叫，并疯狂骂汉秀先生。

汉秀先生的妻子之所以会如此生气，归根结底是对她频繁有外遇的父亲感到愤怒。每当她生气并开始批评汉秀先生时，汉秀先生就觉得这一切都是自己的错，所以一句抱怨的话都没说，全盘接收了妻子的怒气。

汉秀先生在母亲的严格管教下成长，所以他从内心深处惧怕女性。他觉得要隐藏自己的内在形象才能生存，因此他在妻子面前相当谨慎，不敢做出任何表示。

强势的妻子与无法表达自己的丈夫，他们之间的冲突严重影响了性生活。汉秀先生在妻子面前一再退缩，所以变得什么事情都做不好。

汉秀先生的情况与童话故事《杰克与魔豆》中主人公杰克的情况相似。顺着豆茎爬上天空的杰克，在巨人睡醒后就躲进了大缸子里，因为他觉得一旦自己被巨人发现就会被吃掉。汉秀先生也一样，觉得只要自己一开口就会激怒妻子，索性就闭上了嘴巴。

你的孩子在假装听话吗

不单在夫妻关系中会有人存在不能责备他人的问题，在孩子与父母之间也经常发生类似的情况。

无法好好表达自我的孩子，会把父母看作“巨人”。对孩子来说，父母与巨人没什么差别，因为父母的身体比孩子的大两到三倍。父母如果是不亲切的“巨人”，那么孩子就会感受到极大的威胁，因此更不愿意表达自己的想法。他们会假装成听话的孩子，这样才不会被父母“吃掉”或遗弃。

无法责备他人的人，内心隐藏着不想被遗弃的想法。这类人认为对方可能会随时遗弃自己，这种恐惧与对死亡的恐惧关联得很深。

让我们回溯到人的幼儿时期。如果被照顾者遗弃，婴儿就会面临死亡。被遗弃的幼儿就算侥幸存活下来并长大成人，当他再次体验到被遗弃的恐惧时，就会感受到死亡般的痛苦。

当无法责备他人的人尝试责备他人时，他们在意识层面上知道他人并不会因此遗弃自己，但是被遗弃或被忽视的不安以及内心的恐惧，仍然会导致他们无法将责备的话说出口。

隐晦的语言——无意识反应

无法责备他人的人，很多时候都是在表面上表示认同对方，但心里实际上并不是那么想的。虽没有直接将这些话说出来，但他们会用间接的方式表达出自己的不满——不做对方喜欢的事情。

在公司无法责备他人的人，也不会积极帮公司创造价值。这种人在表面上给人一种稳定踏实的感觉，但总是被动地参与工作，无法为公司带来更多效益。

前面提到的汉秀先生与妻子也是如此。汉秀先生无法直接责备妻子，但选择以不和妻子发生性关系的方式，将厌恶的情绪表现出来。他并非故意要这样做，却会在自己都无法意识到的情况下，用这种行为表达对妻子的厌恶。

无法责备他人的人，其意见曾多次不被他人尊重。一个人在小时候表达内心的感觉与想法时，如果父母能诚恳地接受他，那么这个孩子长大后就可以有尊严地向他人说出自己的不满。因为他知道，即使自己责备对方，对方也依旧会爱自己。

也有人在忍无可忍之时，决定再也不与对方见面。这么做是因为他害怕说了不好听的话，他人就会与自己断绝来往。不过，事实真的会这样吗？

人与人相处的过程中，彼此的意见有可能不同，在交流意见的过程中也有可能产生冲突；但在调解冲突的过程中，也有可能会生成更好的解决问题的方案。任何一种冲突都存在解决方法，当然前提是在信任彼此可以恢复正常关系的基础上进行。

也有人担心自己责备他人后，他人会批评自己是坏人或他人会因此远离自己。这种人不仅无法说出难听的话，而且连自己内心真实的感觉都无法与他人分享。在人际关系与工作中，他们不会与他人发生太大的冲突，但也无法与他人建立起亲密关系。

有冲突不一定是不好的事情。发生冲突并能妥善处理它，人与人之间的关系反而可以变得更亲密，从而成功建立深度关系。过度责备的确会带来问题，但人需要适当地表达自己的意见，也要具有在突发状况下表达自己意见的能力。

原谅是一种能力，也是一种自由

“原谅”有时是很难办到的事情。

有人因为受过伤害而感到痛苦，为了赶快忘记这份痛苦而选择原谅。也有人觉得原谅对方才是正确的处世态度，所以会很快原谅对方。

每当遇到有这些想法的咨询者，我都会建议绝对不要那么快就原谅对方。因为原谅不是刻意完成的，而是自然发生的，自然而然形成的原谅才是真正的原谅。

原谅是自然发生的，而不是刻意完成的

心里明明没做好原谅对方的准备，只因为原谅是一件好事，就决定在短时间内原谅对方，但这么做就等于在吃还没有成熟的苹果一样。这句话的意思是说，刻意原谅对方无法结出具有真实意义的“原谅果实”。

艾丽斯·米勒[①]指出，原谅是指身体与心理的伤口都结痂了。

---

① 艾丽斯·米勒（Alice Miller），波兰精神科医生，是心理治疗界的权威人物。

依照她的理论，妈妈如果过度干涉孩子的生活，孩子可能会表现出哮喘等生理反应。孩子长大后，能够理解妈妈的干涉与参与是由于妈妈的不安所致，然后原谅妈妈过去的行为，此时孩子心中由妈妈带来的创伤才会结痂，哮喘症状也会随之消失。

伤口未愈合时就原谅等同欺骗自己

在内心有伤口的情况下，人是很难原谅对方的，而在伤口结痂后，则会在不自觉间就原谅对方。当温暖的气息将伤口粗糙又尖锐的那一面修补完成时，人的内心会很自然地产生原谅的情感。

换句话说，如果伤口不深，原谅对方并不是件困难的事情；但如果你在伤口很深、还未愈合时选择原谅对方，就等于在欺骗自己。

为了能真正原谅他人，我们要先拥抱自己的创伤，在伤口修复后等待能够原谅对方的时刻到来。如果你发现自己有“我为什么要原谅他”的疑惑，那就表示你的内心还有尚未愈合的伤口。

有宗教信仰的人，偶尔会因为原谅与否的困扰来到诊疗室。“《圣经》都说要爱你的仇人，但我绝对无法原谅有外遇的丈夫。”这句话来自因为丈夫有外遇而感到痛苦的女性。她试图依照《圣经》的教诲去爱丈夫并原谅他，但她根本就办不到；她因想要抗拒《圣经》的教诲内心充满罪恶感，所以非常痛苦。

这就跟 5 岁的孩子背不动 80 千克的米袋，然后对自己说“我为什么连这件事情都办不到”并以此为耻一样。事实就是，没有任何一个 5 岁的孩子可以背起 80 千克的米袋。但是如果有孩子因为这样的事而感到烦闷，那问题肯定不是出在孩子身上，而是出在让孩子背起米袋的成年人身上。

拥有想要走在正确道路上的人生态度是很重要的。更重要的是，我们要学会观察自己的内心世界，考察自己是否适合往既定方向前进。

还用上面的例子说明，那便是我们需要承认自己只是 5 岁的孩子，要以谦卑的姿态，等待自己成长到可以背起 80 千克的米袋的年纪。在耐心等待之后，我们就会成为具有内在力量、在不自觉间可以原谅他人的成熟的人。

自责让伤口无法结痂

什么是伤口呢？伤口指受到伤害后在身体或心理上留下的痕迹。身体受了伤，擦药再用绷带包起来就可以了。但内心的伤口疼痛时，我们却不是先想着治疗伤口，而是通过呼喊着“都是因为你，我才那么痛”向对方展现自己的伤口并进行报复，警告对方再也不要犯这种错误。

被伤害的人在无意识层面，隐藏着可能是自己做错了什么才受到伤害的想法。举例来说，独自走在幽暗的巷子里却被性侵的女性，会对施暴的人感到愤怒，但同时也会不断地质疑自己，觉得自己才是做错事的人。

- “我为什么偏偏要走那条路，让自己遇到这种事情？”

- “妈妈明明叫我不要出去了，我没听她的话所以才会变成这样。”
- “我在那个瞬间为什么没有强烈反抗呢？”

有这种想法的女性绝对无法原谅对她施暴的人，她会将过错归咎到自己身上，把自己当成施暴者的“同谋”。除了被罪恶感折磨并责备自己，她们还能做什么呢？

对这种女性来说，最需要的不是去原谅他人，而是要领悟到被性侵不是她们的错误。她们需要的是从心里认同，而不是用脑子去相信，这一切都不是她们的错，而是施暴者的错。如此，她们对男性的恐惧才会消失。

如果已经原谅了施暴者，但她对男性还是存有恐惧的话，那就不是真的原谅对方。对折磨自己、给自己带来痛苦的对象的恐惧消失的瞬间，她的内心才会产生真实的原谅。

放过自己才能原谅他人

在团体咨询的过程中，我偶尔会组织“原谅父母”的活动。通过这个活动，所有参与人员都理解了“父母其实也有属于自己的创伤，所以才会那样对待他”，参与活动的人会自然而然地原谅父母。

至此，所有问题都被解决了吗？

如果内心的伤口不深，那么他的问题可以很快被解决。但如果在与父母的关系中长久地感受到极大的痛苦，那么他就很难轻易地原谅父母。轻易地原谅无异于忽视长时间形成的伤痛与使自己感到纠结的负面情绪。

如果内心还有使自己感到纠结的负面情绪，人们就无法轻易原谅他人。当存在于无意识层面的愤怒浮现至意识层面时，人们的内心也会同时浮现令人愤怒的经历。过去的痛苦记忆被激活的瞬间，人们会发现伤口依旧没能愈合，因此会再一次受到愤怒与罪恶感的折磨。

如果有人追问："我为什么不能原谅他人？"

我会告诉他们："不要急着原谅。比起早点原谅他人，更重要的是抚平自己内心的伤痛。"

就好像5岁时扛不动的米袋，到了20岁就可以很自然地扛起来。内在力量成长到可以承受痛苦时，人就自然地具备了选择原谅的能力。

要记得一件事，所有的原谅都是从自己开始的。等到能包容将所有的过错都归咎于自己身上的自我时，我们才能做到原谅他人。

表达自己的需求也没什么大不了

表达自己的想法，跟暴露自己的内在形象是一样的，认为自己的存在很可耻的人会羞于表达自己。

人在无法自己照顾自己的幼儿时期，会将自己感受到的羞愧深深烙印在无意识层面。假设孩子在成长过程中常常听到父母说“因为照顾你，我都快累死了”“你为什么总是这个样子”，孩子会在无意识中留下“自己是不好的存在”的印象。虽然父母说这些话，只是单纯在抱怨、发牢骚，但站在孩子的立场上，这些话却是他们定义自己的重要信息。

将自己定义为不好的存在的孩子会认为“我做什么事都会失败”“如果我插手，事情就会变得更糟”，他们会觉得不管自己去哪里、做什么，都只会把事情搞砸。

像这样觉得自己会弄糟身边所有事情的想法，让当事人在表达自己与做出防御性行为之间选择了后者。这种反复出现的防御性行为，最终会使当事人在暴力与愤怒中逃避或断绝与世界的联结。

就算孩子对存在本身没有负面的想法，但在他每次表达出自己的基本需求都被父母拒绝后，也会变得难以表达自己。

金子般的想法不应被蒙上羞愧的尘埃

“为什么要买这个？”

“可以不买吗？”

咨询者成永先生回忆小时候在准备上学要用的物品或自己有想要的东西时，妈妈就会不停地唠叨并且在一一确认他的需求后，才很不情愿地将钱拿给他。

成永先生没有“妈妈用温暖的态度满足他的需求”的经历，因此长大后他变得难以表达自己的需求。在日常生活中，成永先生养成了不表达自己的想法、只是附和他人说话内容的习惯。

问题不止如此。每当成永先生要买一样东西时，就会询问自己数十次“是否一定要买这个”。考虑再三后再决定是否购买的习惯，也让他感到非常疲倦。妈妈的声音始终萦绕在耳边，让他想着：“可以买这个吗？”“买这个的话会不会被骂呢？”这种不安的情绪导致他经常忽视自己的需求。

成永先生是不确定自己的选择是否正确的人。他在无意识中将母亲拒绝他的态度内化成“自己拒绝自己的内在需求”的负面行为模式。

当孩子表达需求时，妈妈如果表现出不耐烦，会让孩子产生“我表达需求妈妈就会感到痛苦”的想法。结果就是，孩子认为自己有需求是不好的、是让他人痛苦的事情。也就是说，他的内心会产生“需求本身就是不好的行为”的想法，接着很自然地就会无法表达自己的想法与感情。在成长过程中个人的想法或需求经常被压抑的人，会更强烈地表现出这种倾向。

被强迫、责骂与压力压垮的表达欲

小时候，先雄先生因为做不好数学演算题、背不好九九乘法口诀表，所以常被父亲责备。

幼时的某一天，爸爸忽然叫醒先雄先生，然后很严肃地问他：“你会背九九乘法口诀表吗？如果要读小学，就要先背好它才能去读书。我朋友的儿子在5岁的时候就已经背完了，你怎么到了6岁还不会？”

那时的先雄先生觉得慌张又困惑，却什么都说不出口，随后父亲毫无预警地打了他一巴掌，然后生气地说：“愚蠢的家伙，连九九乘法口诀表都不会背！”

害怕的先雄跪下来认错并说：“我再也不敢了。”

父亲无动于衷，仍然大声地责骂他：“你做错了什么？再也不敢做什么？”

幼小的先雄认为是因为自己做错了事爸爸才会生气，但同时又对爸爸的反应感到十分疑惑。

在充满压制与强迫、责骂与压力的严苛环境下成长的人，无法说出自己的意见与需求，而是去看他人的脸色并配合他人的想法。

在职场上，先雄先生也总是看他人的脸色行事。即使被上司忽视，他也不敢说什么，就这样把负面情绪累积在心里，导致工作没有效率，先雄先生也因此一再地被指责。

做坦荡表达自我的成年人

先雄先生在咨询后理解了隐藏在内心的疑惑，学会了表达自己的方法。从小时候开始就长久地被打压，只能看他人脸色生活的先雄先生，转变成可以坦荡地将自己的想法与感受表达出来的成熟成年人。

咨询师："上司忽视你时，你都怎么做呢？"

先雄先生："我会闷声地嘀咕：'事情只能是这样。'"

咨询师："那时你会有什么样的感受？"

先雄先生："我觉得很荒唐，并且很难过。"

咨询师："你有跟上司表达过你的感受吗？像是说：'您这样对我，我会觉得很难过。'"

先雄先生："可以这样做吗？上司会不会觉得不高兴？"

咨询师："有可能会不高兴，也可能不会。如果他感到不高兴，错的也不是你，而是你的上司。你有表达自己感受的权利，心平气和地交流才是真正的沟通方式。”

先雄先生：“原来如此，直到现在我都觉得这样做是不合适的。”

孩子从充分被包容与认同的经历中得到信心，然后会认为自己是有价值的个体。相反，如果没有被包容与认同的经历，他就不敢表达自己的想法，认为自己是一个没有价值的个体。

在开心时尽情地笑，在难过时尽情地哭，才是孩子的正常行为。具有坦荡荡的自信且不在意周围人的看法，人才能尽情地表达自己的感受。拥有勇气的人，不但可以表现自己的长处，也可以坦率地承认自己的缺点。

在忧郁的迷宫中寻找出口

从脑生理学的角度探究抑郁症，我们会发现抑郁症的成因是缺乏“血清素”（serotonin）。是什么原因造成一个人的血清素分泌量比标准值少呢？

其实人血清素分泌不足不是天生的，而是因为他在幼年时分泌血清素的脑细胞没有得到适当的刺激。孩子在肚子饿的时候，会依照父母的表现做出不同的反应，在这个过程中孩子有可能体验到满足，也有可能感到不满足。

忧郁是因为血清素分泌不足

幼儿期被满足的经历越多，负责分泌血清素的脑细胞的活化就越充分，婴儿会感到更幸福更满足。相反，压力荷尔蒙的分泌量变多，制造血清素的脑细胞受到的刺激就会比较少。一个人成年后，如果血清素分泌不多的情况一直保持下去，那么他得抑郁症的概率就会提高。

让我们来多了解一下有关血清素分泌的知识。

受到适当的生理或心理刺激时，婴儿会感到安定与满足。婴儿得到妈妈给予的照顾、与妈妈的肌肤接触、看到妈妈温暖的眼神与柔和的微笑，都能活化其血清素的分泌细胞，并使婴儿感到幸福。这时，如果妈妈持续为婴儿提供令其感到满足的互动，在看到妈妈的脸时，婴儿就会自动分泌血清素。

俄罗斯生理学家巴甫洛夫在每次铃声响之后给狗食物吃，之后，每当铃声响时狗就会流着口水等待食物出现。后来，狗在仅是听到铃声响但没有获得食物的情形下也会流口水。这就是所谓的“巴甫洛夫的实验”,从中我们能得到一个结论:反复的外部刺激，会在大脑内形成固定行为模式。

孩子也是一样的。从妈妈那里得到良好刺激的孩子，仅仅想到妈妈就会觉得温暖，听到妈妈的声音就会开心。

相反，持续接受负面刺激的孩子，会分泌很多压力荷尔蒙，使自己处于容易感受到压力的状态，孩子光是想到妈妈就会觉得害怕，听到妈妈的声音就会感到不安。

父母多微笑，孩子更快乐

被抑郁症折磨的人，大多没有令其满足的童年。

偶尔会感到抑郁的咨询者说:“我小时候得到了充足的母爱。”这时我一定会追问:“那是什么样的母爱呢？”大部分的咨询者会说:“母亲喂养我，让我受教育，我想要的东西都会买给我。父母都为我牺牲了很多。”

从基本道义的层面上，我不能说这是一对没有给孩子“爱”

的父母。但如果得到了很温暖的爱，这位咨询者又怎么会来到诊疗室获取帮助呢？更没有必要吐露没有被爱的委屈与痛苦。

最近有很多人因为抑郁症感到痛苦。在回顾这些人的过去时，我发现了相似的地方。每一个人都说，在自己小时候父母几乎没有对他微笑过。

如果看到妈妈微笑，孩子会因为自己让妈妈开心而感到自信与满足。也就是说，他觉得自己是有能力让妈妈开心与微笑的个体。

让妈妈开心的能力，成为他长大后会让世界开心的原动力。这样的人会为了造福全人类去做具有创造性的事情。他们既可以让他人感到开心，又能够追求自己的幸福。微笑，一个单纯而微小的行为，会为人生带来正面的影响。

某位情绪心理学研究者做了以转换脸部表情来引导情感变化的实验。在实验中，如果实验者做出哭的表情，心里会真实感受到难过。相反，做出微笑的表情的实验者，心里会觉得轻松很多。

在某个人看着我们微笑时，我们会很自然地感受到浑身充满力量，也会有“我现在走在正确的路上”“我做的事是正确的”等正面感受。相反，观察忧郁的人的内心世界，我们会发现他们常常觉得“我是错的”。无论是感觉自己做的事不对，还是觉得人生的方向不对，这一切都会让他们陷入忧郁。

忧郁不受限

我们通常认为富裕的、社会地位高的人会比贫穷的、社会地位较低的人更少地感到寂寞。但事实并非如此。有很多富裕的、社会地位高的人也会得抑郁症，因为他们害怕自己守不住辛苦得到的财富与地位，所以会经常感受到极大的不安。

身边有很多朋友的人也会感到抑郁，尤其在无法和朋友建立能交心的深层关系的情况下，他们的抑郁问题会更加突出。

被内化的责备与唠叨

50 多岁的智英小姐，在女儿的建议下来到诊疗室就诊。

在孩子都长大后，智英小姐患上了抑郁症，她与家人都被抑郁症折磨得不轻。智英小姐的三个孩子都考进了名牌大学，但至今她的内心还压抑着各种情感。在那些无法控制的情感同一时间爆发出来后，她饱受重度抑郁症的折磨。

智英小姐是在单亲家庭环境下长大的独生女。妈妈因为担心自己的女儿被嘲笑是“没有爸爸的野孩子”，所以更加严厉地管教她。智英小姐必须片刻不离地待在妈妈身边看书，即使有时她只是假装自己在学习。更糟糕的是，她根本没有机会表达自己的情感与想法。

后来，智英小姐跟妈妈选择的人结婚并生了孩子，但她依旧不知道该如何表达自己的想法、如何享受人生。因为妈妈教导她要成为好妻子，在丈夫喝酒晚归时，智英小姐也从未抱怨过，就这样浑浑噩噩地过了20年。突然有一天，那些智英小姐曾一再忍耐并压抑的感觉，终于一次性爆发出来了。

在智英小姐的无意识层面，刻印着自己一边看着母亲辛苦的脸一边全心全意读书的童年记忆，这份记忆与妈妈责备她、唠叨她的声音结合在一起并被内化了。妈妈严厉的责骂转变成超我的严苛声音，因此在智英小姐长大成人后，这个声音仍不断地责备并逼迫着她。

依照梅兰妮·克莱因所言，严格又苛刻的超我可以被爱软化。虽然有些人小时候没有感受过温暖，但如果能在与朋友相处的过程中或婚姻关系中感受到温暖，严格的超我就可以在一定程度上被软化。

很遗憾的是，智英小姐的丈夫相当木讷，导致她无法从婚姻关系中得到小时候缺乏的爱，也没能得到尊重。通过咨询，智英小姐逐渐能够与自己寂寞又辛苦的童年和解，将自己在过去漫长的岁月中无法表达的诸多情感“倒”出来后，她的内心感到轻松许多。

认同疲倦的自己

因为患上抑郁症的人数太多，抑郁症已经被称为“现代人的疾病”。认为自己需要比其他人更能干的“自我强迫”、永无止境地与其他人比较的“无限竞争”等，让人们逐渐陷入疲乏。

更大的问题在于，人们被在感受到忧郁时不允许表达出这种忧郁情感的社会氛围桎梏。社会氛围强制我们要坚强、要忍耐，这让患抑郁症变成一件令人感到羞耻的事情。

你现在觉得自己处于抑郁中吗？如果你觉得自己抑郁，就不要压抑这种感觉，认同感到疲倦的自己吧。将抑郁的情绪表达出来，观察一下，是什么样的内心创伤使你感到抑郁。那么你将发现，自己的内心深处有一个孩子正寂寞又痛苦地哭泣着，并渴盼光明向他伸出手。

Part / 7

只有你能放下压垮自己内心的巨石

如果你正受到罪恶感的折磨，你要先寻找自己内心的创伤。在此过程中，你要练习如何把使自己喘不过气的罪恶感放下来。只有放下小时候被强迫承担的罪恶感，你才能够用自己原本的面貌生活。

拥抱寂寞中不完整的自己

“我好寂寞，回顾人生，虽然没有发生什么特别的事情，但我心里的某个角落总是感到很寂寞、很空虚。”

有很多咨询者都说过类似的话。不仅是独自一人的时候，就算旁边有人陪伴，他们也会感到孤独，这种自然的情感就是寂寞。如果能在短时间内感受到兴奋或受到某些事情的刺激，他们内心的寂寞可能会减少一点，但是不会完全消失。

寂寞源自缺乏亲密体验

寂寞是因为积累的亲密体验不足，即人没能在亲密关系中形成健康的依附关系。具有健康的依附关系的人，会觉得一直有个人在保护着自己或有人站在自己这边。即使一个人时，这样的人也不会感到寂寞。他们会感到一股可以保护自己的力量，这股力量也促使他们保护并爱着陪伴自己的人，同时与对方分享温暖。

相反，没有建立过健康的依附关系的人，会感受到很强的寂寞。他们几乎没有和任何人分享过内心的温暖。无论是自己一个人，还是有其他人在身边，他们总是觉得孤单，认为这个世界上只有自己孤身一人，形影相吊。

约翰·鲍比指明了多种类型的依附关系，其中有一种叫作“逃避型依附”。逃避型依附指孩子与母亲共处在一个陌生的环境中，当母亲暂时离开时，孩子并不会感到不安，可以自在玩耍的依附类型。这种类型的孩子大多经常获得母亲的称赞，夸他们乖巧或赞美他们的言行。

是因为这些孩子的情绪稳定才会发生这种情况吗？对这种孩子进行实验后，得到的结果是：这些孩子在感受到压力时，皮质醇（cortisol）的分泌会增加，心脏跳动的次数也会增加。换句话说，虽然他们表面上看起来很乖巧，但身体却呈现出跟平日里情绪不稳定的孩子相同的反应。

拥有逃避型依附人格的人善于隐藏自己的感受。亲密感是人在将自己的情感表现出来并受到安慰的过程中形成的，但是拥有逃避型依附人格的人几乎没有从父母那里感受过亲密，因此他们无法表达出自己的感受。

他们的父母有很大可能性也是拥有逃避型依附人格的人，这样的父母持续给予孩子逃避的经验，因此孩子也无法表达出自己的情感与需求。

允许他人进入你的内心世界

总是感到寂寞的人，他们的经历与日常表现也跟上述情况差不多。这种人只是在嘴上说自己寂寞，但不会表现出寂寞的情感。长久以来，因为他们都压抑着自己的情感，认为即使自己想表达内心的感受也不会有人倾听，他们甚至不知道自己究竟有什么感觉，所以也无法表达。

这种人的内心深处有一道用玻璃筑成的薄墙，就算有人想要靠近他们，给予他们安慰，也无法抵达他们的内心深处。因此，他们总是一个人，也理所当然地感到寂寞。

也有人是自己把自己推入寂寞的困境里的。这种人独自度过寂寞时光，对使他人快乐幸福的事情感到陌生。无论那是多么美好的事物，只要对他们而言是陌生的，就会给他们带来强烈的恐惧，最终迫使他们回到自己熟悉的环境。

寂寞的人为什么想要忽视、逃避自己的情感呢？如同我在观察拥有逃避型依附人格的人的状态时得到的结论：父母如果忽视孩子表达出的情感，孩子自己也会忽视自己的情感。父母讨厌孩子表达情感并选择逃避时，孩子也会学父母的行为与态度，将自我情感表达当成是危险的行为。

不表达自己的情感的父母，会在孩子表达内在感受时感到不耐烦。因此当孩子说出自己很辛苦或者感到很痛苦时，他们会忽视孩子的话。

假设孩子说："我总觉得最近的生活寂寞又辛苦。"父母会说这些话来阻止孩子继续表达内心的感受："你是吃饱了没事干才会说这种话。""你还不知道真正的辛苦是什么。"像这样的父母，就算陪伴在孩子身边也不能与孩子交心，只会让孩子感受到无尽的寂寞。

与小时候的自己对话

很多咨询者在长大后才领悟，小时候独处的日子到底使自己受到了什么样的影响。

30 多岁的尚皓先生是由母亲独自一人带大的。尚皓先生回忆起小时候的生活："那时妈妈总是在凌晨出去工作，我会在妈妈出门后起床，安静地准备早餐，吃完后去上学。当我从学校回来就会看到母亲背对着我躺在半地下室的房间里，然后我就安静地独自玩耍。"当时，尚皓先生也没觉得在生活上有什么不足之处，母亲从未打骂过他，所以尚皓先生也没有感到生活过得很辛苦。

但是在成长的过程中，尚皓先生逐渐对与情色相关的事物上瘾，开始在网络世界认识异性。结婚后，走在下班回家的路上，他会觉得内心有点寂寞，一股无法控制的性冲动涌上心头。后来尚皓先生的妻子发现他有外遇，陷入离婚危机的尚皓先生虽然决定再也不要有外遇了，却再一次出轨，并且又被妻子发现了。

来到诊疗室的咨询者们常说："我小时候生活得挺好，也没出什么意外，不知道为什么自己现在会变成这样。"

尚皓先生也是一样。

当我问:“你小时候应该感到很寂寞吧?”

他却回答:“没有,我不觉得寂寞。”

接着我问:“那么结束工作回到家时,你为什么会觉得内心冷清寂寞呢?”

在一阵沉默之后,尚皓先生低沉地说:“好像小时候也会感到寂寞。”

尚皓先生想摆脱深层的寂寞却陷入性刺激与诱惑之中。我们通过“想象技法”回到了尚皓先生小时候,让他想象自己站在幽暗的半地下室里,看着背对着他躺在一边的母亲,接着尝试用长大后的目光看着“小时候的我”。

尚皓先生马上流下眼泪。他感受到自己内心对这段经历的逃避,在直面内心真实的情感后,他终于理解了“小时候的我”是多么的哀伤又寂寞,领悟到“不可以让妈妈辛苦的想法”压抑了他的欲望。

给予孩子有效的陪伴

孩子最期望的事,就是可以尽情地玩耍。如果既不能对母亲说“陪我玩”,又不能对母亲表达自己的其他需求,孩子一定会感到非常受伤。

这种孩子的父母往往在与孩子的亲密关系中几乎不曾与孩子有过身体上的接触。与父母的身体接触不足时,孩子会感受到寂寞。

为了让孩子有丰富的情绪感受，亲密的身体接触与陪伴孩子玩耍必不可少。在积累了身体接触的经验、与父母一起玩耍的经验后，孩子会较少感受到寂寞。

玛格丽特·马勒对托儿所的孩子的行为与情绪状态进行了观察，并记录了结果。玛格丽特注意到，那些被父母送到托儿所的孩子，在父母消失的瞬间会变得不高兴并以涣散的眼神直视着紧闭的门扉。当孩子表现出陷入自己内心状态的样子时，说明孩子在努力呼唤内在的父母意象，来代替已经离开的父母。

经常感到寂寞的人与上述情况基本一样。如果一个人小时候与依附对象分离，并将内心呼唤父母意象的状态模式化，在这个人长大后，这种寂寞的感觉不仅不会消失，反而会逐渐加深。在小时候失去父母意象的人，就算身边有人陪伴，他们也会不断地寻找陪伴自己的人。

知足常乐，面对挫折也要轻松地活

在期望落空时，人会感受到痛苦。某些人想要得到近乎神一般的待遇，但在现实生活中这样的愿望根本无法实现，所以他们容易受挫折。

挫折是现实世界的一部分。想要得到某样东西，但即使付出再多的努力，还是有可能无法实现自己的愿望，这就是我们必须面对的现实。

为了能够坦然接受这样的现实，除了付出更多的努力，我们更需要建立一个能够满足于现状的心态。如果一个人能够接受自己的不满意，就可以过上不会轻易受挫折的人生。

当心过度的贪念与欲望

40多岁的男性咨询者以妻子胸部小为借口，频繁地与胸部大的女性发生关系。到了晚上，这位咨询者就会到夜店寻找胸部饱满的女性，如果在一家夜店没能找到令他满意的对象，他就会转战其他夜店。他甚至会在地铁搭讪并乱摸陌生女性的身体，以此种方法寻找可以共度一夜的对象。

这种人会说："人怎么能只吃家里的饭？偶尔也要吃吃外食啊！"他们用这种借口来合理化自己的错误行为，并贪婪地想要占有世界上所有的女人，这种贪念促使他们花钱满足自己的欲望，甚至对陌生女性进行性骚扰。

想要成为神的贪念会破坏眼前的幸福，并使人生的秩序变得混乱。就好像嘴巴咬着骨头的狗看见河水中的倒影，会误以为那是别的狗咬着骨头。为了得到更多的骨头，狗会愤怒地吠，然后嘴巴里的骨头就会掉进河里。每个人都知道，人活着不能太贪心，然而在无意识层面，还是存在着想要得到更多的贪念。

"花生回航"[①]事件曾让韩国陷入一片哗然。航空公司的副社长因为空姐将坚果点心整包递给自己，所以口出恶言并要求飞机掉头开回登机口，且将该名空姐赶下飞机。这也可以被视为因过度的贪心与期待而感到受挫引起的非理性行为。

那么贪念又是因何而起呢？是因为人幼时没有得到尊重。

小时候没有被他人充分尊重的孩子，长大后也很难对现实产

① 此事件发生于2014年12月5日。飞机计划从美国约翰·菲茨杰拉德·肯尼迪（JFK）国际机场飞回韩国仁川国际机场，在还未起飞时副社长赵显娥发现空姐给她提供的坚果没有摆在盘子里，而是装在袋子里，因此大发脾气，并引发了后续事件。机场高层本想封锁该消息，事务长抢先将消息爆料给媒体，公众才知晓。

生认同感。这时，他们会产生想要拥有更多的贪念。不管是财富、名誉，还是其他，他们都想要拥有更多。

抗压性是挫折的溶剂

如果人感受到的挫折在可以承受的范围内，抗压性可以化解挫折带来的负面影响，就不会造成什么问题。但如果一个人在小时候没有得到应有的照顾，在无力与柔弱的状态下经常遭受挫折，那么成年后就算仅面对微小的挫折，他也会感受到极大的痛苦。

30多岁的程序设计师英才先生，因为不能适应职场生活来到了诊疗室。英才先生因对上司提出的琐碎要求感到不悦，所以递交了辞呈。有时候妻子打电话来问："你在哪里？在做什么？"他也会抱怨："不要管我。"

站在妻子的立场，她好奇自己的丈夫在哪里、在做什么是很正常的事情。站在职场上司的立场，吩咐下属做事也是理所当然的事情。事实上，英才先生也是这样想的，但只要接到妻子的电话或听到上司的指示，被干涉的感觉就让他快要发疯了，所以他感到非常痛苦。

听完英才先生小时候的故事，我才了解到他做出这些行为的原因。英才先生小时候向妈妈索要零用钱时，妈妈总是对他说没钱，于是，他就会从妈妈的钱包里偷钱。某一天，英才先生偷了一大笔钱，然后离家出走了。虽然妈妈知道这件事情，但是她担心英才先生会闯更大的祸，所以什么都没有说。在那之后，英才先生就养成了不能忍受他人的干涉或者无法完成琐碎事件的习惯。

像英才先生这样的人，如果没能得到适当的调整，就无法产生战胜挫折的力量。如果一个人调节期待与现实之间差异的能力及规范自己行为的力量不足，那么他就会变得不想承担责任，并想做出强烈反抗。

敏感、受伤的“野兽”

30 多岁的小贤小姐与在职场上认识的一位有妇之夫交往已久，甚至还怀孕了。她希望对方能够离婚并与自己一起生活，但当这个男人的妻子发现了他们的事情后，这个男人就对小贤小姐提出了分手并强求小贤小姐堕胎。见小贤小姐拒绝分手，有妇之夫承诺：“只要你愿意堕胎，我就会与你保持关系。”小贤小姐相信了这个男人的话并动了手术，但有妇之夫却再也没有见过她。

“小时候妈妈工作忙，所以常常留下我一个人在家。爸爸总是拿我跟妹妹作比较，说我长得丑、任何事都做不好，偶尔还会打我。

“我觉得自己是不应该存在的人，有三年时间没有离开过房间。我也有抓破自己皮肤的习惯，所以每天都得擦药。我总是觉得皮肤上有什么异物，会忍不住一直去抓，即使皮肤已经被抓破且血流不止。我是怪物，我怨恨生下我的妈妈。

“因为皮肤状态变得很糟糕，所以我想用衣服遮起来，有时会一次性购买好几万元的衣服。如果妈妈想要干涉我的行为，我就会像疯了一样顶嘴。我会大声尖叫并说：‘是你把我生成这种样子，我现在做这些都是为了活下去，你凭什么干涉我！’

“然后，我的债务慢慢地增加了。为了还债，也为了多买些衣服，我开始工作，也是在那时，我认识了这个有妇之夫。除了他，谁会愿意喜欢像怪物一样的我呢？一开始我也没有对他敞开心扉，因为怕对方觉得我是奇怪的女人。

“我一直对他发脾气，对他很坏，他却包容我、对我很亲切，所以我也敞开心扉、主动靠近他。但是，他现在却说要跟我分手。如果不能再见到这个男人，我想我会死掉。”

小贤小姐处在一个非常敏感的状态，好像一头受伤的野兽，即便对她只是提出极小的建议，她也认为这是在攻击她，并表现出生气的样子。小贤小姐依存于有妇之夫，即使有人安慰她，也会让她感到强烈的挫折感与恐惧。

像小贤小姐一样，内心有严重的依存倾向与强烈恐惧感，或者有其他心理弱点的人，再次经历任何与那件使他感到很受伤的事情相关的话语和行为，都会令他感到受挫。如果没有能够接受挫折的健康心理状态，人就会很容易感到受挫并做出反抗。

正视由“情感勒索”产生的罪恶感

人的内心都会有罪恶感，那些源自内心破坏性的幻想的罪恶感，会使人患上偏执症与抑郁症。

小时候有过越多负面经历的人，拥有的破坏性幻想就越多，他们也会因为这些幻想而产生罪恶感。费尔贝恩认为，体验过越多负面经历的孩子，越会将造成那些经历的原因归到自己身上。他以一个在儿童受虐中心接受治疗的孩子为例。

如果有人对曾经被父母用刀子、烟蒂等工具伤害过的孩子们说：“爸爸妈妈怎么那么坏，竟然用这种方式伤害你。”

百分之九十以上的孩子会说：“不是的，一定是因为我做错了什么，才会被父母打。”

大部分孩子都将导致父母做出错误行为的原因，归咎到自己身上。为什么会这样呢？如果孩子将做坏事的原因归咎在父母身上，那就表示他将保护自己的父母想成是坏人，有一对“坏人父母”会让孩子觉得自己的人生非常糟糕。

因此，孩子总是会认为自己的父母是善良的、没有缺点的人，然后试着在自己的内心寻求安定感。所谓内心的安定感，不是一般定义下的安定感，而是指让精神不会走向崩溃的安定感。

孩子怕父母受到永久性的处罚，所以他在恐惧中颤抖着将错误归咎在自己身上。从孩子的角度来看，事情就会像这样朝着极端的方向发展。费尔贝恩指出，不成熟的成年人也跟孩子一样，会有极端的倾向与分裂的思想。

恐惧父母的孩子也在恐惧世界

对孩子来说，母亲就是自己的全世界。孩子获取生存经验的第一个对象就是母亲，他通过母亲熟悉并探索这个世界。

如果一个人幼时能够从母亲那里得到很多的爱，那么他长大以后也会用爱的眼光去看这个世界。如果没能得到充足的爱，他则会带着批判性的、有负面倾向的眼光看待这个世界。严重的话，他会觉得这个世界非常黑暗、恐怖。

在各种恐惧症状的背后，隐藏着孩子对父母的恐惧。许多孩子因为将照顾与保护自己的父母当成是使自己感到恐惧的对象，而从心理上对他们产生抗拒并试图将内心的恐惧投射在其他对象或事物上。

有位咨询者非常害怕红色，他说："我只要见到穿红色衣服的人，心跳就会开始加速。"

为什么会这样呢？

咨询者回忆，在他很小的时候，母亲曾在很多个晚上穿着红色的睡衣对他大吼大叫，要他不要哭闹、赶快睡觉。这段恐怖的经历，让他直到现在只要一看到红色，就会因为受到强烈的视觉冲击而感受到恐惧。

婴儿是通过感官而不是理性去体验这个世界的。因此红色会让这位咨询者联想到恐惧，他却不明白自己害怕红色的原因。

在没有受到视觉刺激的情况下，人也有可能感到恐惧。有些孩子会将幻想中的黑暗替换成黑暗中的虫子或者老鼠，即试图将父母与令自己感到恐惧的对象替换。

父母的抱怨是割伤孩子内心的利刃

“照顾你快把我累死了。”

“如果不是为了照顾你，我早就离婚了。”

如果父母在养育孩子的过程中反复说出这种话，孩子就会因为父母的辛苦而感受到罪恶。越是不健康的父母，越有将自己的过错不负责任地转嫁给孩子的倾向。假设某些父母将这些话像口头禅一样挂在嘴边：“如果那时候没有生下你的话……”孩子的一生都会受到很大的影响。选择孕育并且生下孩子的是父母，为什么要把过错推给孩子呢?

听着这种话长大的孩子，会认为自己的出生本身就是个错。每次事情进行得不顺利时，他就会想:“像我这种人根本就不该出生。”并陷入无力感与挫折感的双重折磨之中。

小时候，明希小姐也经常听到妈妈抱怨:“都是因为你的出生，爸爸的事业才会失败。是你让这个家变得这么糟的。”

长大后，明希小姐在做每件事情时都追求完美，将自己与周围的人都弄得很累。如果事情进展得稍微有些不顺利，她就会陷入很深的痛苦与绝望中。

明希小姐觉得自己是受到诅咒的人，会搞砸所有事情，她深信家道中落是因为自己的诞生。至今，50 多岁的明希小姐一直没完没了地追求完美，就是为了证明这个想法是错误的。

爱的匮乏放大罪恶感

陷入性上瘾症的人，大多成长于父母将活得艰难的责任归咎于孩子的养育环境中。父母扭曲的养育观念，使孩子心中产生罪恶感，最终，罪恶感导致他们性上瘾。

爱的匮乏将罪恶感放大，在罪恶感的加持下，人会感觉自己没有用，因而更加渴望得到爱。也就是说，他们认为只有被爱才能证明自己不是没有用的人，所以才会对爱执着并渴望得到爱。但是，无论他们用什么方法，都没有办法填满他们心中对爱的渴求，结果就是，这些人掉入性的欢愉与刺激中无法脱身，这就是性上瘾者的心理结构。

因为缺乏爱，所以当面对那些不能给予自己爱的对象时，他们内心的愤怒会被放大并因为感觉到内心的愤怒而产生罪恶感。一旦这种人固执地想要当好人，就会变得过度善良。

也有人会以将罪恶感转嫁给对方为目的，说出会使对方产生罪恶感的批判性话语。这就如同父母将罪恶感转嫁到孩子身上一样，是一种很糟糕的行为。

如果你正承受着强烈的罪恶感的折磨，就要先探索并寻找自己内心的创伤，并在此过程中尝试放下把自己压得喘不过气的罪恶感。要放下小时候被迫承担的罪恶感，你才能够以自己原本的面貌生活。

后 记

努力接近无意识

如果读者可以通过阅读此书遇见另一个“我”并与其和解，那对我来说没有比这更大的收获了。这本书可以帮助你更深入地认识自己，并找出无法有效控制自己的原因。但仅仅通过阅读这一本书就想要完全治愈内心的创伤，还是相当困难的。将本书与其他地方找到的线索整合分析，你才能画出完整的线索图，从而顺利进入理解自己的阶段。这份理解是自我成长的必经过程。

学习完形 (Gestalt) 心理学时，会拥有“啊哈”(a—ha)①的经验。“啊哈”是人在领悟了某种事情的瞬间发出的声音，是一种无意识行为。无意识行为如同其字面意思，是指人在没有意识到的时候做出的行为。人在无意识的状态下会利用“合理化”与“否认”“压抑”“分裂”等途径，使自己无从得知行为的意义。因此明明知道自己的行为不好，人们还是会反复地做出同样的行为。这是因为，

① 意思近似法语的“oh là là”(我的天呀)。

这些行为是人们发自内心想要做的。

以咨询者珠贤小姐为例，她的母亲患有精神疾病。母亲每次洗碗的时候都会用力摔盘子，在没有人的厨房大声责骂、大声叹气。年幼的珠贤小姐只能将这些声音全部收入耳中。此外，珠贤小姐的父亲总是指责她，说她什么事情都做不好。由此可见，珠贤小姐的童年生活非常不幸。

珠贤小姐确信自己长大后一定会拥有幸福，她也确实与一位非常疼爱她的男士结婚了。起初，珠贤小姐的丈夫对她百依百顺，也很照顾她。但随着时间的流逝，丈夫逐渐表现出对珠贤小姐的拒绝，甚至已经不愿意跟她说话了。珠贤小姐感到很生气，情绪异常激动，她对不再疼爱自己的丈夫感到非常失望与愤怒。

在提供过数次咨询服务后，我向珠贤小姐提出了这样的问题："如果想要他人讨厌你，你应该怎么做呢？请你说出五种方式就可以了。"

也许这个问题有点诡异，珠贤小姐沉默了一会儿才回答："每当见到他人时就表现出烦躁的态度；用没有表情的脸面对他人；如果他人对我表现出好感，我就觉得不耐烦；忽视他人说的话；使唤他人做很多本该我做的事情。"

我再一次提问："这一次请你回忆一下你刚才提到的行为，有多少是你曾经做过的？"珠贤小姐沉思了一会儿，脸上突然出现非常惊讶的表情。因为她突然意识到，自己曾经出现过刚刚说出的那五种行为。

珠贤小姐希望自己被爱，同时也因为没有被爱而感到痛苦。

她为此而感到很气愤，却不知道自己并没有做好被爱的准备，她并不知道是她的行为使他人无法爱她。

珠贤小姐的很多行为是在无意识中做出的。随着时间的流逝，她从“我想要被爱”转变成“我不要被爱”。在认识了这样的自己之后，她才能为了被爱，而慢慢去做自己能够做到的事情。现在，珠贤小姐的丈夫与周围的人在对待她时都变得柔和了许多，珠贤小姐觉得很满足。

借助“啊哈”的经验理解自己的行为之后，很多人会尝试做出改变。当然也有不愿意尝试的人。他们受到的创伤太深，很难轻易消解内心的憎恨、冤屈、愤怒。

拥有自我力量的人读了这本书，能帮助他们进一步了解自我，强化“自我力量很重要”这一观念。他们在读这本书时能逐渐懂得“如果自我没有力量，什么事都做不好，即使理解了其中的道理也无法为人生带来任何变化”。当然，我们也要得到专业人士的帮助，毕竟想要完全依靠自己的力量解决问题是很困难的。人类是彼此扶持、互相依存的，因此，我们也可以在他人的帮助下，再一次体验过去的情境与感受，并遇见更好的自己。

在撰写这本书时，我意识到用文字表达充满奥妙的无意识世界是一件困难的事情，也是一件充满挑战的事情。希望这本书可以持续地传播下去，期望这些文字可以激发读者们的无意识并启迪他们的智慧。